# Geschäft Leitfaden für Einsteiger

Ihr Schlüssel zum Erfolg: Praktische Tipps und Strategien für den Start ins Geschäftsleben"(2025)

Grit Kahl

**Urheberrecht © 2024 Grit Kahl**
**Alle Rechte vorbehalten.**
**ISBN: 9798300868468**

# INHALT

**WILLKOMMEN BEI DER GRÜNDUNG EINES UNTERNEHMENS FÜR ANFÄNGER 2025** ..................................................................5

**WARUM EIN UNTERNEHMEN GRÜNDEN?** ............................**11**

**KAPITEL 1:** ..........................................................................**15**
- DIE VORTEILE DES UNTERNEHMERTUMS ...............**15**
- IST UNTERNEHMERTUM DAS RICHTIGE FÜR SIE? ...**19**
- GESCHÄFTSVORBEREITUNG UND RECHERCHE ......**23**

**KAPITEL 2:** ..........................................................................**31**
- WIE MAN EFFEKTIV IDEEN BRAINSTORMT ............**31**
- DURCHFÜHRUNG VON MARKTFORSCHUNGEN .......**36**
- BEWERTUNG DER MARKTNACHFRAGE..................**40**

**KAPITEL 3:** .........................................................................**45**
- DEFINIEREN SIE IHR ALLEINSTELLUNGSMERKMAL (USP)...............................................................................**45**
- ERSTELLEN EINES BUSINESSPLANS ......................**50**
- AUSWAHL EINER GESCHÄFTSSTRUKTUR ...............**56**
- GESETZLICHE UND BEHÖRDLICHE ANFORDERUNGEN .....................................................**65**
- WIE MAN EINE ARBEITGEBER-IDENTIFIKATIONSNUMMER (EIN) BEANTRAGT........**70**

**KAPITEL 4:** ..........................................................................**76**
- EINRICHTEN IHRER FINANZEN ..............................**76**
- EINE MARKE AUFBAUEN ........................................**81**
- ERSTELLUNG EINES LAUNCH-PLANS......................**92**

**KAPITEL 6:**........................................................................**102**
- IHR UNTERNEHMEN SKALIEREN UND WACHSEN LASSEN..................................................................**102**
- STARK BLEIBEN ALS UNTERNEHMER ...................**106**

# WILLKOMMEN BEI DER GRÜNDUNG EINES UNTERNEHMENS FÜR ANFÄNGER 2025

Die Gründung eines Unternehmens ist ein aufregendes Abenteuer, das jedoch auch mit Herausforderungen verbunden ist. Für Anfänger, die wenig oder keine Erfahrung in der Unternehmenswelt haben, ist eine detaillierte Planung der Schlüssel zum Erfolg. Dieser Leitfaden führt Sie Schritt für Schritt durch den Prozess der Unternehmensgründung und erklärt jeden Aspekt umfassend. Vom Entwickeln einer Geschäftsidee bis zur Verwaltung der Finanzen – hier erhalten Sie alle Informationen, die Sie benötigen, um erfolgreich ein Unternehmen zu starten.

## Die Geschäftsidee entwickeln

Die Grundlage eines jeden Unternehmens ist eine solide Geschäftsidee. Diese Idee sollte nicht nur auf Ihren persönlichen Interessen, Talenten und Leidenschaften basieren, sondern auch auf einer konkreten Marktchance. Hier sind die wichtigsten Schritte:

- **Selbstanalyse:** Bewerten Sie Ihre Fähigkeiten, Erfahrungen und Leidenschaften. Welche Stärken bringen Sie mit, und wie können diese in einem Unternehmen genutzt werden?
- **Problemerkennung:** Überlegen Sie, welches Problem Sie lösen möchten. Jedes erfolgreiche Geschäft bietet eine Lösung für ein bestimmtes Bedürfnis.
- **Marktforschung:** Führen Sie eine umfassende Analyse des Marktes durch. Nutzen Sie Tools wie Umfragen, Interviews oder Online-Recherchen, um herauszufinden, ob es eine Zielgruppe für Ihre Idee gibt.
- **Einzigartigkeit schaffen**: Differenzieren Sie Ihre Idee von bestehenden Angeboten. Was macht Ihr Produkt oder Ihre Dienstleistung einzigartig? Warum sollten Kunden Ihr Angebot wählen?
- **Ein Beispiel:** Wenn Sie gerne backen, könnten Sie eine Bäckerei eröffnen, die sich auf gesunde, glutenfreie Produkte spezialisiert. Dies spricht eine Nische an, die möglicherweise nicht ausreichend bedient wird.

## Ein Geschäftsmodell erstellen

Das Geschäftsmodell legt den Rahmen fest, wie Ihr Unternehmen operieren und Geld verdienen wird. Nutzen Sie Tools wie das Business Model Canvas, um die wichtigsten Komponenten zu definieren:

- **Wertangebot:** Welche Vorteile bietet Ihr Produkt oder Ihre Dienstleistung den Kunden?
- **Zielgruppe:** Wer sind Ihre idealen Kunden? Definieren Sie demografische Merkmale wie Alter, Einkommen und Vorlieben.
- **Vertriebskanäle:** Wie werden Sie Ihre Kunden erreichen? Überlegen Sie, ob Sie online, stationär oder beides tätig sein wollen.
- **Einnahmequellen:** Wie wird Ihr Unternehmen Einnahmen generieren? Verkaufen Sie Produkte, bieten Sie Abonnements oder Dienstleistungen an?
- **Kostenstruktur:** Welche Fix- und variablen Kosten entstehen? Berücksichtigen Sie Miete, Marketing, Materialkosten und Personal.

Ein klar definiertes Geschäftsmodell hilft Ihnen, die Ausrichtung Ihres Unternehmens zu verstehen und auf Kurs zu bleiben.

**Ein Businessplan schreiben**
Ein Businessplan ist mehr als nur ein Dokument – es ist Ihre Roadmap zum Erfolg. Er zeigt Ihnen nicht nur die nächsten Schritte auf, sondern überzeugt auch potenzielle Investoren und Kreditgeber.

**Ein detaillierter Businessplan enthält:**
- **Executive Summary:** Eine kurze Zusammenfassung Ihrer Idee, Ziele und Strategien.
- Marktanalyse: Daten über die Branche, Zielgruppe und Wettbewerber.
- **Produktbeschreibung:** Details über Ihr Produkt oder Ihre Dienstleistung, einschließlich Preisgestaltung.
- **Marketing- und Vertriebsstrategie:** Wie planen Sie, Ihr Angebot zu bewerben und zu verkaufen?
- Finanzplan: Prognosen über Einnahmen, Ausgaben und Gewinn für die nächsten drei bis fünf Jahre.

- **Organisation und Management:** Wer ist für die Leitung verantwortlich, und welche Erfahrungen bringen Sie oder Ihr Team mit?

Der Businessplan sollte realistisch und auf verlässlichen Daten basieren. Nutzen Sie professionelle Vorlagen, um sicherzustellen, dass alle relevanten Informationen enthalten sind.

**Die rechtliche Struktur wählen**
Die Wahl der Rechtsform beeinflusst, wie Ihr Unternehmen rechtlich, steuerlich und finanziell strukturiert ist. In Deutschland gibt es mehrere Optionen:

- **Einzelunternehmen:** Einfach und kostengünstig zu gründen, jedoch mit unbegrenzter Haftung.
- **GmbH (Gesellschaft mit beschränkter Haftung):** Haftungsbeschränkung, erfordert jedoch ein Mindestkapital von 25.000 Euro.
- **UG (Unternehmergesellschaft):** Eine kleinere Variante der GmbH mit geringeren Kapitaleinlagen.
- **OHG (Offene Handelsgesellschaft):** Eignet sich für Partnerunternehmen, wobei alle Partner uneingeschränkt haften.
- **AG (Aktiengesellschaft):** Für größere Unternehmen mit Kapitalaufnahme durch Aktienverkauf.

Die Wahl der Rechtsform sollte sorgfältig abgewogen werden. Konsultieren Sie einen Anwalt oder Steuerberater, um die beste Option für Ihre Situation zu bestimmen.

**Finanzierung sichern**
Die Finanzierung ist oft die größte Hürde für Gründer. Es gibt verschiedene Möglichkeiten, Ihr Unternehmen zu finanzieren:

- **Eigenkapital:** Nutzen Sie persönliche Ersparnisse oder leihen Sie sich Geld von Familie und Freunden.
- **Bankkredite:** Erstellen Sie einen soliden Finanzplan, um die Bank von Ihrer Idee zu überzeugen.

- **Förderprogramme:** Suchen Sie nach staatlichen Zuschüssen oder Förderprogrammen für Gründer.
- **Crowdfunding:** Stellen Sie Ihr Projekt auf Plattformen wie Kickstarter oder GoFundMe vor, um Unterstützung zu erhalten.
- **Investoren:** Finden Sie Risikokapitalgeber, die in Ihr Unternehmen investieren möchten.

Ein detaillierter Finanzplan hilft Ihnen, die benötigten Mittel zu bestimmen und mögliche Risiken zu minimieren.

### Das Unternehmen anmelden
Die Anmeldung Ihres Unternehmens ist ein notwendiger Schritt, um legal tätig zu sein. Je nach Rechtsform und Tätigkeit sind folgende Schritte erforderlich:

- **Gewerbeanmeldung:** Beantragen Sie eine Gewerbeerlaubnis beim zuständigen Amt.
- **Handelsregistereintragung:** Für bestimmte Rechtsformen wie GmbH oder AG erforderlich.
- **Steuerliche Anmeldung:** Registrieren Sie Ihr Unternehmen beim Finanzamt, um eine Steuernummer zu erhalten.
- **Mitgliedschaft bei der IHK oder Handwerkskammer:** Je nach Branche verpflichtend.

Bereiten Sie alle notwendigen Unterlagen vor, um den Prozess zu beschleunigen.

### Marke und Branding entwickeln
Ihre Marke ist das Gesicht Ihres Unternehmens. Ein starkes Branding hilft Ihnen, Vertrauen aufzubauen und sich von der Konkurrenz abzuheben. Schritte für ein effektives Branding:

- **Logo:** Gestalten Sie ein professionelles und einprägsames Logo.
- **Webseite:** Erstellen Sie eine benutzerfreundliche Webseite, die Ihre Marke widerspiegelt.
- **Corporate Design:** Legen Sie Farben, Schriftarten und Designelemente fest, die konsistent verwendet werden.

- **Kundennutzen:** Kommunizieren Sie klar, warum Kunden Ihr Angebot wählen sollten.

Ein konsistentes Branding schafft Wiedererkennungswert und stärkt Ihre Position am Markt.

## Marketing und Vertrieb planen

Marketing ist entscheidend, um Kunden zu gewinnen und zu binden. Entwickeln Sie eine Strategie, die auf Ihre Zielgruppe abgestimmt ist:

- **Social Media:** Nutzen Sie Plattformen wie Instagram, Facebook oder LinkedIn, um Ihre Marke bekannt zu machen.
- **Suchmaschinenoptimierung (SEO):** Optimieren Sie Ihre Website, um in den Suchmaschinen besser gefunden zu werden.
- **E-Mail-Marketing:** Bleiben Sie mit potenziellen und bestehenden Kunden in Kontakt.
- Traditionelles Marketing: Flyer, Plakate oder lokale Anzeigen können ebenfalls effektiv sein.

## Ein starkes Team aufbauen

Selbst das beste Unternehmen braucht engagierte Mitarbeiter. Definieren Sie klare Rollen und suchen Sie nach Talenten, die Ihre Vision teilen. Bieten Sie Schulungen und Anreize, um ein motiviertes Team zu schaffen.

## Finanzen überwachen

Eine gute Finanzverwaltung ist essenziell. Nutzen Sie Buchhaltungssoftware, um Einnahmen und Ausgaben zu verfolgen, und erstellen Sie regelmäßige Berichte. Halten Sie Rücklagen bereit, um auf unerwartete Ausgaben vorbereitet zu sein.

Die Gründung eines Unternehmens ist ein umfassender Prozess, der Engagement, Planung und Flexibilität erfordert. Jeder Schritt, von der Geschäftsidee bis zur Markenentwicklung, ist entscheidend für den langfristigen Erfolg. Mit einer klaren Strategie und kontinuierlichem Lernen können Sie die Herausforderungen meistern und Ihre unternehmerischen Ziele erreichen.

# WARUM EIN UNTERNEHMEN GRÜNDEN?

Die Entscheidung, ein eigenes Unternehmen zu gründen, ist ein bedeutender Schritt, der mit zahlreichen Herausforderungen, aber auch mit großartigen Chancen einhergeht. Unternehmerisches Denken und Handeln können nicht nur die eigene Lebensqualität verbessern, sondern auch einen positiven Einfluss auf die Gesellschaft und die Wirtschaft haben. In diesem Artikel werden die wichtigsten Gründe und Vorteile, die für die Gründung eines Unternehmens sprechen, ausführlich erläutert.

**1. Unabhängigkeit und Selbstbestimmung**
Einer der Hauptgründe, warum viele Menschen den Schritt in die Selbstständigkeit wagen, ist der Wunsch nach Unabhängigkeit. Als Unternehmer hat man die Kontrolle über seine Zeit, Entscheidungen und Ziele. Dies bedeutet, dass man selbst bestimmt, wann, wie und mit wem man arbeitet.

Die Freiheit, eigene Entscheidungen zu treffen, ist besonders attraktiv für diejenigen, die sich in einem Angestelltenverhältnis eingeschränkt fühlen. Unternehmer können ihre Arbeitsweise und ihr Tempo selbst festlegen und ihre Visionen ohne Einschränkungen verfolgen.

**2. Die Möglichkeit, Leidenschaft in ein Geschäft umzuwandeln**
Ein Unternehmen zu gründen bietet die einzigartige Chance, aus der eigenen Leidenschaft oder einem Hobby eine Einkommensquelle zu machen. Viele erfolgreiche Unternehmen basieren auf den Interessen und Talenten ihrer Gründer. Wenn man für seine Arbeit brennt, ist es einfacher, Hindernisse zu überwinden und langfristig motiviert zu bleiben.

Die Verbindung von Leidenschaft und Geschäft ist auch für Kunden attraktiv, da sie Authentizität und Engagement schätzen. Ein Unternehmen, das mit Herzblut geführt wird, kann sich von der Konkurrenz abheben und langfristig erfolgreich sein.

**3. Finanzielle Unabhängigkeit und Potenzial für Wachstum**

Obwohl die Gründung eines Unternehmens anfangs finanzielles Risiko bedeutet, bietet sie langfristig das Potenzial für finanzielle Unabhängigkeit. Erfolgreiche Unternehmer können ein beträchtliches Einkommen erzielen und Vermögen aufbauen, das sie unabhängig von einem Arbeitgeber macht.

Darüber hinaus kann ein gut geführtes Unternehmen wachsen und expandieren, was zusätzliche Einkommensquellen und Investitionsmöglichkeiten eröffnet. Die Möglichkeit, eigene Preise festzulegen und Gewinnstrategien zu entwickeln, gibt Unternehmern die Chance, ihr finanzielles Schicksal selbst in die Hand zu nehmen.

**4. Die Chance, einen Beitrag zur Gesellschaft zu leisten**
Unternehmer haben die Möglichkeit, positive Veränderungen in ihrer Gemeinschaft und darüber hinaus zu bewirken. Ob durch die Schaffung von Arbeitsplätzen, die Entwicklung innovativer Produkte oder die Unterstützung sozialer Projekte – ein Unternehmen kann ein mächtiges Werkzeug sein, um die Welt ein Stück besser zu machen.

Soziale Verantwortung und Nachhaltigkeit sind heute für viele Unternehmen ein zentraler Bestandteil ihrer Mission. Kunden bevorzugen zunehmend Marken, die ethisch handeln und einen positiven Einfluss auf die Gesellschaft haben. Ein Unternehmer kann durch sein Geschäft Werte vermitteln und aktiv zur Lösung globaler Herausforderungen beitragen.

**5. Persönliches Wachstum und Weiterentwicklung**
Die Gründung und Führung eines Unternehmens ist eine intensive Lernerfahrung. Unternehmer müssen sich ständig weiterentwickeln, neue Fähigkeiten erlernen und Herausforderungen meistern. Dies fördert nicht nur das berufliche, sondern auch das persönliche Wachstum.

Zu den Fähigkeiten, die durch unternehmerisches Handeln entwickelt werden, gehören Problemlösungskompetenz, Zeitmanagement, Führungsqualitäten und kreative Denkweise. Diese Fähigkeiten sind nicht nur für den Geschäftserfolg, sondern auch für das Leben insgesamt von unschätzbarem Wert.

## 6. Flexibilität und Work-Life-Balance

Ein eigener Betrieb ermöglicht es, die Arbeit so zu gestalten, dass sie den persönlichen Lebensumständen entspricht. Ob es darum geht, mehr Zeit mit der Familie zu verbringen, ortsunabhängig zu arbeiten oder die Arbeitszeiten individuell anzupassen – Unternehmer haben die Möglichkeit, eine Work-Life-Balance zu schaffen, die ihren Bedürfnissen entspricht.

Gerade in Zeiten von Homeoffice und digitaler Transformation wird Flexibilität zunehmend als wichtiger Vorteil wahrgenommen. Ein Unternehmen kann so strukturiert werden, dass es den persönlichen Lebensstil ergänzt und gleichzeitig produktiv bleibt.

## 7. Die Freude an Innovation und Kreativität

Unternehmer haben die Freiheit, neue Ideen auszuprobieren und kreative Lösungen zu entwickeln. Die Möglichkeit, Innovationen zu schaffen und diese auf den Markt zu bringen, ist ein wesentlicher Anreiz für viele Menschen, ein Unternehmen zu gründen.

Innovative Geschäftsmodelle und Technologien haben das Potenzial, Märkte zu revolutionieren und neue Standards zu setzen. Unternehmer, die bereit sind, Risiken einzugehen und out-of-the-box zu denken, können einen erheblichen Einfluss auf ihre Branche haben.

## 8. Netzwerk- und Karrierechancen

Die Gründung eines Unternehmens eröffnet viele Möglichkeiten, wertvolle Kontakte zu knüpfen und Netzwerke aufzubauen. Unternehmer treffen auf Gleichgesinnte, Investoren, Mentoren und potenzielle Partner, die ihren Geschäftserfolg fördern können.

Ein starkes Netzwerk ist nicht nur für das Unternehmen selbst, sondern auch für die persönliche Karriere von Vorteil. Die Beziehungen, die man als Unternehmer aufbaut, können Türen zu neuen Chancen und Märkten öffnen.

## 9. Langfristige Erfüllung und Erfolgserlebnisse

Der Aufbau eines erfolgreichen Unternehmens ist eine der erfüllendsten Erfahrungen, die man machen kann. Die Möglichkeit, etwas von Grund auf zu erschaffen und dabei den eigenen Traum zu verwirklichen, gibt ein tiefes Gefühl von Zufriedenheit und Stolz.

Jedes erreichte Ziel, jeder gewonnene Kunde und jede überwundene Herausforderung sind Meilensteine, die das Unternehmerleben bereichern. Diese Erfolgserlebnisse motivieren, weiterzumachen und größere Visionen zu verfolgen.

**10. Vermächtnis schaffen**
Ein Unternehmen kann ein bleibendes Vermächtnis sein, das Generationen überdauert. Ob durch die Weitergabe an die eigenen Kinder, die Schaffung einer starken Marke oder die Hinterlassenschaft von positiven gesellschaftlichen Veränderungen – Unternehmer haben die Möglichkeit, etwas Nachhaltiges zu hinterlassen.

Die Entscheidung, ein Unternehmen zu gründen, erfordert Mut, Engagement und eine klare Vision. Die Vorteile, die mit der Selbstständigkeit einhergehen, reichen von finanzieller Unabhängigkeit und persönlichem Wachstum bis hin zur Möglichkeit, einen positiven Einfluss auf die Gesellschaft auszuüben.

Obwohl der Weg eines Unternehmers mit Herausforderungen verbunden ist, bietet er auch einzigartige Chancen, die das Leben bereichern und die eigenen Träume verwirklichen können. Für diejenigen, die bereit sind, Risiken einzugehen und hart zu arbeiten, kann die Gründung eines Unternehmens eine der lohnendsten Entscheidungen ihres Lebens sein.

# KAPITEL 1:

## DIE VORTEILE DES UNTERNEHMERTUMS

Unternehmertum ist ein Schlüsselbegriff in der modernen Wirtschaft. Es beschreibt die Tätigkeit von Individuen, die eine eigene Geschäftsidee entwickeln, Risiken eingehen und innovative Lösungen anbieten. Unternehmertum kann sowohl als persönliche als auch als gesellschaftliche Leistung betrachtet werden, da es sowohl den Einzelnen als auch die Gemeinschaft bereichert. In diesem Artikel werden wir die vielfältigen Vorteile des Unternehmertums im Detail betrachten, sowohl aus der Perspektive des Unternehmers als auch aus der Sicht der Gesellschaft.

**1. Finanzielle Freiheit und Unabhängigkeit**
Einer der größten Vorteile des Unternehmertums ist die Möglichkeit, finanzielle Unabhängigkeit zu erlangen. Als Unternehmer hat man die Kontrolle über die eigenen Einnahmen und Ausgaben. Während ein Angestellter an ein festes Gehalt gebunden ist, können Unternehmer ihre Einkommensquellen diversifizieren und das Einkommen auf unterschiedliche Weise steigern. Erfolgreiche Unternehmer haben das Potenzial, erheblich mehr zu verdienen als in einem klassischen Angestelltenverhältnis.

Diese finanzielle Freiheit ermöglicht es dem Unternehmer, sich nicht nur seine eigenen Lebensstandards zu sichern, sondern auch in Projekte zu investieren, die er oder sie für wichtig hält. Ein eigenes Unternehmen bietet die Möglichkeit, den wirtschaftlichen Erfolg durch eigene Entscheidungen zu beeinflussen.

**2. Persönliche Entfaltung und berufliche Erfüllung**
Unternehmertum bietet nicht nur finanzielle Vorteile, sondern auch persönliche Erfüllung. Viele Unternehmer entscheiden sich, ein eigenes Unternehmen zu gründen, um ihre Leidenschaft und Vision zu verfolgen. Sie sind in der Lage, ihre eigenen Ideen umzusetzen und Innovationen voranzutreiben. Dies führt zu einer höheren beruflichen Zufriedenheit, da sie ihre Arbeit nicht nur als Mittel zum

Zweck, sondern als etwas sehen, das mit ihrer Identität und ihren Zielen im Einklang steht.

Der Unternehmertum ermöglicht es den Gründern, ihre Stärken zu erkennen und weiterzuentwickeln. Sie lernen, mit Herausforderungen umzugehen, kreativ zu denken und neue Lösungen zu finden. Dies fördert nicht nur die berufliche, sondern auch die persönliche Entwicklung.

### 3. Flexibilität und Lebensgestaltung
Ein weiteres bedeutendes Privileg des Unternehmertums ist die Flexibilität, die es bietet. Während Angestellte in der Regel feste Arbeitszeiten und einen starren Arbeitsrahmen haben, können Unternehmer ihre eigenen Arbeitszeiten und ihren Arbeitsort bestimmen. Diese Flexibilität ermöglicht es, Arbeit und Privatleben besser zu vereinen, die eigenen Prioritäten zu setzen und die Zeit für Familie, Hobbys oder Reisen freier zu gestalten.

Für viele Unternehmer ist diese Flexibilität ein entscheidender Vorteil, da sie in der Lage sind, ihre Arbeit nach ihren eigenen Vorstellungen zu gestalten, anstatt sich an die Regeln eines Unternehmens anpassen zu müssen. Es gibt keine festen Vorschriften bezüglich des Arbeitsortes oder der Arbeitszeiten, was einen großen Einfluss auf die Lebensqualität haben kann.

### 4. Schaffung von Arbeitsplätzen und wirtschaftlichem Wachstum
Neben den persönlichen Vorteilen hat Unternehmertum auch einen positiven Einfluss auf die Gesellschaft. Unternehmer tragen direkt zur Schaffung von Arbeitsplätzen bei. Indem sie neue Unternehmen gründen, schaffen sie Arbeitsplätze für andere Menschen. Diese Arbeitsplätze bieten eine Möglichkeit für Arbeitnehmer, ihr eigenes Einkommen zu erzielen und ihre eigenen Familien zu unterstützen. Besonders in wachsenden Branchen können Unternehmer dazu beitragen, die Arbeitslosenquote zu senken und die allgemeine Wirtschaftsaktivität zu fördern.

Darüber hinaus fördern Unternehmer Innovationen und technologische Entwicklungen, die zu einer stärkeren

Wettbewerbsfähigkeit und einem nachhaltigen Wachstum der Wirtschaft führen. Unternehmer treiben den technologischen Fortschritt voran, indem sie neue Produkte und Dienstleistungen schaffen, die die Lebensqualität verbessern und die Wirtschaft diversifizieren.

**5. Innovation und Problemlösung**
Unternehmer sind oft die treibende Kraft hinter Innovationen und kreativen Lösungen. Indem sie bestehende Probleme erkennen und neue Wege finden, diese zu lösen, tragen sie zur Weiterentwicklung von Branchen und Märkten bei. Das Unternehmertum ist untrennbar mit Innovation verbunden, da die Gründung eines Unternehmens oft darauf abzielt, etwas Neues zu schaffen oder bestehende Prozesse zu verbessern.

Unternehmer sind in der Regel risikobereiter und experimentierfreudiger als traditionelle Arbeitnehmer. Sie sind bereit, neue Technologien oder Geschäftsmodelle auszuprobieren, die eine Branche revolutionieren können. Diese Innovationskraft hat nicht nur Einfluss auf das Unternehmen selbst, sondern kann auch einen großen Einfluss auf die gesamte Gesellschaft und Wirtschaft haben.

**6. Verantwortung und Entscheidungskraft**
Unternehmer übernehmen die Verantwortung für ihre Entscheidungen und deren Auswirkungen. Sie sind für den Erfolg oder Misserfolg ihres Unternehmens verantwortlich und müssen jederzeit fundierte Entscheidungen treffen, um das Unternehmen voranzutreiben. Dies fördert eine starke Entscheidungsfähigkeit und Problemlösungsfähigkeiten.

Für viele Unternehmer ist es eine befriedigende Herausforderung, die Verantwortung für ein Unternehmen zu übernehmen. Sie genießen die Freiheit, ihre eigenen Entscheidungen zu treffen, auch wenn dies bedeutet, Risiken einzugehen. Diese Verantwortung fördert nicht nur die persönliche Reife, sondern stärkt auch das Vertrauen in die eigene Fähigkeit, mit Schwierigkeiten umzugehen und diese zu überwinden.

## 7. Netzwerkaufbau und Beziehungen

Als Unternehmer ist es oft notwendig, ein starkes Netzwerk aus Geschäftspartnern, Kunden und anderen Unternehmern aufzubauen. Diese Netzwerke bieten nicht nur geschäftliche Vorteile, sondern auch Möglichkeiten für persönliche Weiterentwicklung und Zusammenarbeit. Ein starkes Netzwerk kann den Zugang zu neuen Ressourcen, Märkten und Geschäftsmöglichkeiten erleichtern.

Der Aufbau von Beziehungen zu anderen Unternehmern und Geschäftsleuten fördert den Austausch von Ideen, Wissen und Erfahrungen. Dies kann für die berufliche Weiterentwicklung sehr vorteilhaft sein, da Unternehmer voneinander lernen und sich gegenseitig unterstützen können.

## 8. Selbstverwirklichung und Erfüllung von Visionen

Ein Unternehmen zu gründen und erfolgreich zu führen, ist für viele Unternehmer der Weg zur Selbstverwirklichung. Sie haben die Freiheit, ihre Visionen zu realisieren und ihre persönlichen Werte in die Unternehmenskultur einzubringen. Dies kann eine starke Quelle der Zufriedenheit und Erfüllung sein.

Ein Unternehmer, der ein Unternehmen gründet, hat die Möglichkeit, seine Leidenschaft und seine eigenen Überzeugungen in das Unternehmen zu integrieren, wodurch eine tiefere Verbindung zum eigenen Werk entsteht. Diese Selbstverwirklichung kann sowohl beruflich als auch persönlich von großer Bedeutung sein.

Die Vorteile des Unternehmertums sind vielfältig und weitreichend. Sie reichen von finanzieller Unabhängigkeit und persönlicher Erfüllung bis hin zu Innovation, wirtschaftlichem Wachstum und der Schaffung von Arbeitsplätzen. Unternehmertum ermöglicht es den Menschen, ihre eigenen Ideen zu verfolgen, ihre Fähigkeiten weiterzuentwickeln und einen positiven Einfluss auf die Gesellschaft auszuüben.

Allerdings ist Unternehmertum auch mit Herausforderungen und Risiken verbunden, die nicht unbeachtet bleiben sollten. Dennoch ist die Reise des Unternehmertums für viele eine lohnende Erfahrung, die sowohl persönliches als auch wirtschaftliches Wachstum fördert.

Wer sich für den Weg des Unternehmertums entscheidet, kann nicht nur von den genannten Vorteilen profitieren, sondern auch eine bedeutende Rolle in der Gestaltung der Zukunft spielen.

## IST UNTERNEHMERTUM DAS RICHTIGE FÜR SIE?

Das Unternehmertum wird oft als Weg zu Freiheit, Selbstverwirklichung und finanzieller Unabhängigkeit angepriesen. Doch die Entscheidung, Unternehmer oder Unternehmerin zu werden, ist nicht nur eine berufliche Wahl – es ist ein Lebensstil, der mit zahlreichen Herausforderungen und Opfern verbunden ist. Bevor Sie sich auf dieses Abenteuer einlassen, ist es wichtig, ehrlich mit sich selbst zu sein und zu prüfen, ob dieser Weg zu Ihrer Persönlichkeit, Ihren Fähigkeiten und Ihren Lebenszielen passt. In diesem Artikel werfen wir einen detaillierten Blick auf die zentralen Aspekte, die Sie berücksichtigen sollten, um herauszufinden, ob Unternehmertum das Richtige für Sie ist.

**1. Ihre Motivation: Warum möchten Sie Unternehmer werden?**
Die erste und vielleicht wichtigste Frage, die Sie sich stellen sollten, lautet: Warum möchte ich Unternehmer werden? Ihre Motivation wird einen erheblichen Einfluss darauf haben, wie erfolgreich Sie auf diesem Weg sind und wie gut Sie die unvermeidlichen Hindernisse bewältigen können.

**Häufige Gründe für den Wunsch, ein Unternehmen zu gründen:**
- **Freiheit und Unabhängigkeit:** Viele Menschen entscheiden sich für das Unternehmertum, weil sie nicht für andere arbeiten möchten und die Kontrolle über ihr eigenes Leben haben wollen.
- **Leidenschaft:** Einige haben eine klare Vision oder Leidenschaft, die sie verfolgen möchten, sei es ein Produkt, eine Dienstleistung oder ein gesellschaftliches Problem, das sie lösen möchten.
- **Finanzielle Belohnung:** Manche sehen im Unternehmertum die Chance, langfristig Wohlstand aufzubauen, der in einem Angestelltenverhältnis schwer erreichbar wäre.

- **Einfluss und Veränderung:** Andere wollen einen Unterschied machen und gesellschaftliche oder wirtschaftliche Veränderungen bewirken.

Es ist wichtig, dass Ihre Motivation stark genug ist, um Sie durch schwierige Zeiten zu tragen. Unternehmertum ist kein geradliniger Weg, und ohne eine tief verwurzelte Motivation kann es schwer sein, langfristig durchzuhalten.

**2. Persönliche Eigenschaften:** Sind Sie für die Herausforderungen geeignet?
Nicht jeder ist für das Unternehmertum geschaffen – und das ist völlig in Ordnung. Es erfordert eine Reihe spezifischer Eigenschaften und Fähigkeiten, um in der unsicheren und oft chaotischen Welt der Selbstständigkeit zu bestehen.

**Wichtige Eigenschaften erfolgreicher Unternehmer:**
- **Selbstdisziplin:** Sie müssen in der Lage sein, sich selbst zu motivieren und Aufgaben auch ohne Aufsicht zu erledigen.
- **Kreativität:** Unternehmer sind Problemlöser. Sie müssen neue Wege finden, um Herausforderungen zu meistern und sich von der Konkurrenz abzuheben.
- **Flexibilität:** Veränderungen sind im Unternehmertum unvermeidlich. Die Fähigkeit, sich schnell an neue Situationen anzupassen, ist entscheidend.
- **Resilienz:** Rückschläge gehören dazu. Erfolgreiche Unternehmer können mit Misserfolgen umgehen und sich wieder aufrappeln.
- **Risikobereitschaft:** Während niemand leichtfertig Risiken eingehen sollte, erfordert Unternehmertum die Fähigkeit, Unsicherheiten zu akzeptieren und kalkulierte Risiken einzugehen.
- **Führungsqualitäten:** Als Unternehmer führen Sie nicht nur sich selbst, sondern möglicherweise auch ein Team.

Es ist wichtig, ehrlich zu sich selbst zu sein: Besitzen Sie diese Eigenschaften? Wenn nicht, sind Sie bereit, daran zu arbeiten?

**3. Fähigkeiten und Kenntnisse:** Sind Sie gut vorbereitet?

Auch wenn Leidenschaft und Persönlichkeitsmerkmale wichtig sind, reicht das allein nicht aus. Sie brauchen die richtigen Fähigkeiten und Kenntnisse, um ein Unternehmen erfolgreich zu führen.

**Wichtige unternehmerische Fähigkeiten:**
- **Finanzmanagement:** Sie müssen wissen, wie Sie Budgets erstellen, Kosten kontrollieren und Gewinne maximieren können.
- **Marketing und Verkauf:** Ein gutes Produkt oder eine gute Dienstleistung reicht nicht aus, wenn niemand davon weiß. Sie müssen Ihre Marke und Angebote effektiv vermarkten können.
- **Netzwerken:** Beziehungen sind oft der Schlüssel zum Erfolg. Die Fähigkeit, ein starkes Netzwerk aufzubauen, kann entscheidend sein.
- **Zeitmanagement:** Da Sie viele Hüte tragen werden, ist es wichtig, Prioritäten zu setzen und effektiv zu arbeiten.
- **Branchenspezifisches Wissen:** Ein tiefes Verständnis Ihrer Branche und Ihrer Zielgruppe ist unerlässlich.

Wenn Sie diese Fähigkeiten noch nicht besitzen, könnten Sie sie durch Weiterbildung, Coaching oder Mentoring erwerben. Es gibt zahlreiche Ressourcen, die Ihnen helfen können, sich vorzubereiten.

**4. Lebensstil und persönliche Umstände:** Passt Unternehmertum zu Ihrem Leben?
Unternehmertum ist nicht nur eine berufliche Entscheidung, sondern hat auch erhebliche Auswirkungen auf Ihren Lebensstil und Ihre Beziehungen.

- **Zeitaufwand:** Unternehmer zu sein bedeutet oft, viele Stunden zu arbeiten, besonders in den ersten Jahren. Haben Sie die Zeit und die Energie, um sich voll und ganz Ihrem Unternehmen zu widmen?
- **Finanzielle Risiken:** Die meisten Unternehmer erleben Phasen finanzieller Unsicherheit. Können Sie sich diese Unsicherheit leisten? Haben Sie Ersparnisse oder andere Einnahmequellen, um mögliche Engpässe zu überbrücken?

- **Unterstützungssystem:** Ein starkes persönliches und berufliches Netzwerk kann eine enorme Hilfe sein. Unterstützt Ihre Familie und Ihr Freundeskreis Ihre Entscheidung?
- **Work-Life-Balance:** Die Trennung zwischen Arbeit und Privatleben kann schwierig sein, besonders wenn Sie von zu Hause aus arbeiten oder ständig über Ihr Unternehmen nachdenken.

**5. Die Realität des Unternehmertums:** Sind Sie bereit für die Herausforderungen?
Viele Menschen haben eine romantische Vorstellung vom Unternehmertum. Sie denken an flexible Arbeitszeiten, kreative Freiheit und finanziellen Erfolg. Doch die Realität ist oft weniger glamourös.

**Häufige Herausforderungen:**
- **Lange Arbeitszeiten:** Viele Unternehmer arbeiten 60 oder mehr Stunden pro Woche, besonders in der Anfangsphase.
- **Ungewissheit:** Es gibt keine Garantien. Selbst die besten Ideen können scheitern.
- **Alleinsein:** Besonders Solopreneure fühlen sich manchmal isoliert, da sie viele Entscheidungen allein treffen müssen.
- **Verantwortung:** Als Unternehmer tragen Sie die volle Verantwortung für den Erfolg oder Misserfolg Ihres Unternehmens.

Es ist wichtig, sich dieser Herausforderungen bewusst zu sein und bereit zu sein, sie zu bewältigen.

**6. Alternativen prüfen: Gibt es andere Wege?**
Unternehmertum ist nicht der einzige Weg, um Freiheit, Kreativität oder finanziellen Erfolg zu erreichen. Vielleicht könnten Sie ähnliche Ziele auf andere Weise erreichen:

Intrapreneurship: Arbeiten Sie innerhalb eines Unternehmens, aber mit unternehmerischer Freiheit.
Freiberuflichkeit: Bietet Flexibilität und Eigenständigkeit, ohne die Komplexität eines Unternehmensaufbaus.

Nebenprojekte: Starten Sie ein Unternehmen neben Ihrem Hauptjob, um die Risiken zu minimieren.

**7. Wie können Sie sicher sein?**
Der beste Weg, um herauszufinden, ob Unternehmertum das Richtige für Sie ist, ist, es auszuprobieren. Beginnen Sie mit kleinen Projekten, führen Sie Marktforschung durch oder arbeiten Sie mit einem Mentor zusammen. Testen Sie Ihre Idee in kleinem Rahmen, bevor Sie große finanzielle oder zeitliche Verpflichtungen eingehen.

**Ist Unternehmertum das Richtige für Sie?**
Unternehmertum kann eine lohnende und transformative Reise sein, aber es ist nicht für jeden geeignet. Es erfordert Mut, Engagement und die Bereitschaft, aus Fehlern zu lernen. Indem Sie sich Zeit nehmen, um Ihre Motivation, Fähigkeiten, Eigenschaften und Lebensumstände ehrlich zu bewerten, können Sie besser entscheiden, ob dieser Weg der richtige für Sie ist.

Denken Sie daran: Es ist keine Schwäche, festzustellen, dass Unternehmertum nicht zu Ihnen passt. Im Gegenteil, es ist ein Zeichen von Weisheit und Selbstkenntnis, den richtigen Weg für sich selbst zu wählen.

## GESCHÄFTSVORBEREITUNG UND RECHERCHE

Ein Unternehmen zu gründen oder auszubauen erfordert mehr als nur eine gute Idee. Es erfordert eine gründliche Vorbereitung und eine detaillierte Forschung, um potenzielle Hindernisse zu identifizieren, Chancen zu maximieren und fundierte Entscheidungen zu treffen. Nachfolgend werden die einzelnen Schritte im Detail erklärt:

**1. Geschäftsidee definieren und verfeinern**
Ihre Geschäftsidee ist das Fundament Ihres Unternehmens. Sie muss klar, umsetzbar und marktfähig sein. Eine großartige Idee ist nichts wert, wenn sie keinen Mehrwert für den Kunden schafft oder nicht nachhaltig ist.

**Vorgehensweise:**

- **Problemerkennung:** Identifizieren Sie ein Problem oder einen Bedarf, den Ihre Idee lösen soll. Stellen Sie sicher, dass dieses Problem für genügend Menschen relevant ist, um wirtschaftlich interessant zu sein.
- **Marktlücke:** Analysieren Sie bestehende Angebote. Gibt es etwas, das fehlt, oder können Sie es besser machen?
- **Innovative Ansätze:** Suchen Sie nach Wegen, Ihre Idee durch Innovationen von der Konkurrenz abzuheben, z. B. durch neue Technologien oder verbesserte Kundenerlebnisse.
- **Feedback:** Teilen Sie Ihre Idee mit potenziellen Kunden, Branchenexperten oder Mentoren. Holen Sie sich ehrliches Feedback und passen Sie Ihre Idee entsprechend an.

**Beispiele für Werkzeuge:**
- Design Thinking: Ein kreativer Ansatz, um die Bedürfnisse Ihrer Zielgruppe besser zu verstehen.
- Lean Startup Canvas: Ein Tool, das hilft, Ihre Geschäftsidee schnell und effektiv zu strukturieren.

## 2. Marktforschung durchführen

Die Marktforschung gibt Ihnen einen tiefen Einblick in den Markt und hilft Ihnen, die Tragfähigkeit Ihrer Idee zu bewerten. Sie beantwortet entscheidende Fragen zu Zielgruppe, Marktgröße und Wettbewerb.

**Methoden der Marktforschung:**
**Primärforschung:**
Interviews: Sprechen Sie mit potenziellen Kunden, um deren Bedürfnisse, Wünsche und Erwartungen zu verstehen.
Fokusgruppen: Organisieren Sie Diskussionen mit kleinen Gruppen, um direktes Feedback zu erhalten.
Prototypen testen: Stellen Sie einen Prototyp oder eine Betaversion Ihres Produkts bereit und beobachten Sie, wie die Zielgruppe darauf reagiert.

**Sekundärforschung:**
- Branchenberichte und Studien: Nutzen Sie Berichte von Marktforschungsinstituten wie Statista oder McKinsey.

- Online-Recherche: Analysieren Sie Markttrends und Statistiken durch öffentlich zugängliche Quellen wie Google Trends oder Fachblogs.
- Konkurrenzanalyse: Besuchen Sie Websites und Social-Media-Kanäle Ihrer Wettbewerber.

**Schlüsselfragen der Marktforschung:**
- Wie groß ist der Markt und wie schnell wächst er?
- Gibt es saisonale Schwankungen oder Trends, die den Markt beeinflussen?
- Welche Probleme oder Bedürfnisse hat die Zielgruppe, die bisher nicht angesprochen wurden?

## 3. Zielgruppenanalyse

Ihre Zielgruppe ist der Kern Ihres Geschäfts. Eine präzise Zielgruppenanalyse ermöglicht es Ihnen, Ihre Produkte oder Dienstleistungen so zu gestalten, dass sie genau auf die Bedürfnisse und Wünsche Ihrer Kunden zugeschnitten sind.

**<u>Wie definieren Sie Ihre Zielgruppe?</u>**
- **Demografische Faktoren:** Alter, Geschlecht, Bildung, Einkommen, Familienstand.
- Geografische Faktoren: In welchen Regionen oder Ländern befinden sich Ihre potenziellen Kunden?
- **Psychografische Merkmale:** Welche Werte, Überzeugungen, Lebensstile oder Interessen haben Ihre Kunden?
- **Verhaltensmerkmale:** Wie treffen sie Kaufentscheidungen? Welche Kanäle bevorzugen sie?

**Techniken zur Analyse:**
- **Erstellung von Buyer-Personas:** Erstellen Sie detaillierte Profile von fiktiven Kunden, die Ihre Zielgruppe repräsentieren.
- **Kundenumfragen:** Nutzen Sie Online-Tools wie Google Forms, um direkte Einblicke zu erhalten.

- **Datenanalyse:** Sammeln Sie Daten aus sozialen Medien, Website-Traffic und früheren Verkaufszahlen, um Muster zu erkennen.

### 4. Wettbewerbsanalyse

Kein Unternehmen arbeitet isoliert. Eine gründliche Wettbewerbsanalyse hilft Ihnen, Ihre Stärken auszuspielen und Lücken in den Strategien Ihrer Mitbewerber zu nutzen.

**Analyseebenen:**
- **Direkte Wettbewerber:** Unternehmen, die ähnliche Produkte oder Dienstleistungen anbieten und dieselbe Zielgruppe ansprechen.
- **Indirekte Wettbewerber:** Anbieter von alternativen Lösungen.
- **Potenzielle neue Wettbewerber:** Neue Unternehmen, die in Ihre Branche eintreten könnten.

**Schlüsselthemen:**
- **Preisgestaltung:** Wie positioniert sich Ihre Konkurrenz preislich?
- **Vertriebskanäle:** Wo und wie verkauft die Konkurrenz ihre Produkte?
- **Kundenzufriedenheit:** Was sagen Kundenbewertungen und Testimonials über deren Leistungen?

**Hilfsmittel:**
- Porter's Five Forces: Analysieren Sie die Wettbewerbskräfte in Ihrer Branche.
- SWOT-Analyse: Identifizieren Sie die Stärken, Schwächen, Chancen und Risiken Ihrer Wettbewerber.

### 5. Geschäftsmodell entwickeln

Ein Geschäftsmodell beschreibt, wie Ihr Unternehmen Werte schafft, liefert und monetarisiert. Es bildet die Grundlage für Ihren langfristigen Erfolg.

**<u>Elemente eines Geschäftsmodells:</u>**

- **Wertangebot:** Was bieten Sie Ihren Kunden an, das ihre Probleme löst oder ihre Bedürfnisse erfüllt?
- **Kundensegmente:** Wer sind Ihre Kunden?
- **Kanäle:** Wie erreichen Sie Ihre Kunden (z. B. Online-Shop, Einzelhandel)?
- **Einnahmequellen:** Wie verdienen Sie Geld (z. B. Abonnements, Einmalkäufe)?
- **Schlüsselressourcen:** Welche Ressourcen sind notwendig, um Ihr Unternehmen zu betreiben (z. B. Personal, Technologie, Kapital)?
- **Schlüsselpartnerschaften:** Welche Partner benötigen Sie, um Ihr Geschäftsmodell erfolgreich umzusetzen (z. B. Lieferanten, Distributoren)?

**Werkzeuge:**
Business Model Canvas (BMC): Eine visuelle Methode, um alle Aspekte Ihres Geschäftsmodells darzustellen.

## 6. Finanzplanung

Die Finanzplanung ist das Rückgrat Ihres Unternehmens. Ohne eine realistische Einschätzung der Kosten und Einnahmen riskieren Sie finanzielle Schwierigkeiten.

### Wichtige Schritte:

**Kosten identifizieren:**
- Fixkosten: Büromiete, Gehälter, Versicherungen.
- Variable Kosten: Produktionskosten, Marketingausgaben.

**Einnahmeprognosen:**
Wie viele Kunden erwarten Sie in den ersten 12 Monaten?
Wie hoch ist der durchschnittliche Umsatz pro Kunde?

**Finanzierungsbedarf:**
**Wie viel Startkapital benötigen Sie?**
Welche Finanzierungsquellen stehen zur Verfügung (z. B. Eigenkapital, Kredite, Investoren)?

**Liquiditätsplanung:**

Planen Sie Ihre Ein- und Auszahlungen, um sicherzustellen, dass Sie immer genügend Bargeldreserven haben.

**Hilfsmittel:**
Tabellenkalkulationen (z. B. Excel) zur Erstellung von Finanzmodellen.
Buchhaltungssoftware wie QuickBooks oder Lexware.

### 7. Rechtliche und organisatorische Aspekte
Ein gut vorbereitetes Unternehmen berücksichtigt alle rechtlichen Anforderungen und organisiert sich effizient.

**Wichtige Themen:**
**Rechtsform: Einzelunternehmen, GmbH, UG – welche ist die beste für Ihre Ziele?**
- Steuern: Informieren Sie sich über Umsatzsteuer, Einkommenssteuer und Gewerbesteuer.
- Verträge: Erstellen Sie wasserdichte Verträge für Kunden, Partner und Mitarbeiter.
- Versicherungen: Haftpflichtversicherung, Betriebsausfallversicherung usw.

**Praktische Schritte:**
- Registrierung Ihres Unternehmens beim Gewerbeamt.
- Anmeldung beim Finanzamt und Beantragung einer Steuernummer.
- Beratung durch einen Anwalt oder Steuerberater.

### 8. Marketing- und Vertriebsstrategie
Ihre Marketingstrategie entscheidet, wie erfolgreich Sie Ihre Zielgruppe erreichen. Der Vertrieb ist der letzte Schritt, um Ihre Produkte tatsächlich zu verkaufen.

**Marketingkanäle:**
- Digital: Suchmaschinenoptimierung (SEO), Social Media, E-Mail-Marketing.
- Traditionell: Flyer, Werbeanzeigen, Messen.
- Content-Marketing: Erstellung von Blogs, Videos oder Webinaren, die Mehrwert bieten.

**Vertriebsstrategien:**
- Aufbau eines eigenen Online-Shops.
- Zusammenarbeit mit Einzelhändlern oder Plattformen wie Amazon.
- Nutzung von Vertriebspartnern oder Handelsvertretern.

**9. Risikoanalyse und Krisenmanagement**
Jedes Unternehmen ist Risiken ausgesetzt. Eine proaktive Herangehensweise minimiert Schäden und sichert langfristigen Erfolg.

**Arten von Risiken:**
- Marktrisiken: Änderungen in Trends oder Technologien.
- Finanzielle Risiken: Unerwartete Kosten, schlechte Zahlungsmoral von Kunden.
- Betriebsrisiken: Technische Ausfälle, Lieferprobleme.

**Strategien:**
- Erstellen Sie einen Krisenplan für verschiedene Szenarien.
- Bauen Sie Rücklagen auf.
- Arbeiten Sie eng mit Ihren Partnern zusammen, um Risiken zu teilen.

**10. Erstellung eines Businessplans**
Ein professioneller Businessplan fasst alle oben genannten Schritte zusammen und dient als Leitfaden für Ihr Unternehmen und als Präsentation für Investoren oder Banken.

**Gliederung:**
- Zusammenfassung.
- Unternehmensbeschreibung.
- Markt- und Wettbewerbsanalyse.
- Marketing- und Vertriebsstrategien.
- Finanzplanung.
- Risikoanalyse.
- Zeitplan mit Meilensteinen.

Diese detaillierte Herangehensweise wird Ihnen helfen, Ihr Geschäft effektiv zu planen und erfolgreich umzusetzen.

# KAPITEL 2:

## WIE MAN EFFEKTIV IDEEN BRAINSTORMT

Brainstorming ist eine bewährte Methode, um in kurzer Zeit möglichst viele Ideen zu generieren, sei es für die Lösung eines Problems, die Entwicklung eines Projekts oder das Finden kreativer Ansätze. Doch effektives Brainstorming erfordert mehr als nur das Sammeln von Gedanken. Es braucht Struktur, die richtige Technik und eine offene Denkweise. Hier erfährst du, wie du diesen Prozess optimal gestaltest.

**1. Vorbereitung: Die Basis für ein erfolgreiches Brainstorming**
Die Vorbereitungsphase ist entscheidend. Sie legt den Rahmen und die Stimmung fest, die den kreativen Fluss fördern.

**1.1 Klare Zielsetzung formulieren**
Ohne ein klar definiertes Ziel wird Brainstorming ineffektiv. Überlege dir vorab:

- Was ist das Hauptproblem oder Thema?
- Beispiel: „Wie können wir unser Produkt nachhaltiger gestalten?"
- Welche Ergebnisse werden erwartet?
- Soll eine innovative Lösung, eine Vielzahl von Ansätzen oder ein Prototyp für eine Idee entstehen?

Ein klarer Fokus verhindert, dass sich Teilnehmer oder du selbst in Nebenthemen verlieren.

**1.2 Das richtige Umfeld schaffen**
Ein kreatives Umfeld inspiriert und motiviert. Beachte dabei:

**Raumgestaltung:**
Wähle einen Ort, der hell, ruhig und bequem ist. Nutze Whiteboards oder Pinnwände für visuelle Unterstützung.

**Atmosphäre:**
Spiele leise Hintergrundmusik, die die Kreativität fördert (z. B. instrumentale Tracks). Biete Snacks und Getränke an, um die Energie hochzuhalten.

**Technische Ausstattung:**
Stelle sicher, dass du Zugang zu Tools wie Laptops, Mind-Mapping-Software oder Präsentationsmaterial hast.

### 1.3 Teilnehmer auswählen
Für Team-Braingstorming gilt:

**Diversität fördern:**
Lade Menschen mit unterschiedlichen Fähigkeiten, Erfahrungen und Perspektiven ein. Ein Designer denkt anders als ein Ingenieur, und das ist gut so!

**Optimale Gruppengröße:**
Eine Gruppe von 4–8 Personen ist ideal. Größere Gruppen können chaotisch werden, während kleinere Gruppen möglicherweise nicht genug Ideen generieren.

### 1.4 Zeitrahmen und Regeln festlegen
Zeitlimit:
Setze klare Grenzen (z. B. 30 Minuten für die erste Ideenfindung). Ein enges Zeitfenster fördert oft den Fokus.

**Grundregeln:**
Lege Regeln fest, wie z. B.: „Keine Kritik während der Ideensammlung" oder „Jede Idee zählt, egal wie verrückt sie klingt".

## 2. Durchführung: Der kreative Prozess
Der Kern des Brainstormings ist die Generierung und Sammlung von Ideen. Hier kommt es auf Technik und Dynamik an.

### 2.1 Methoden zur Ideenfindung
Je nach Zielsetzung und Gruppenkonstellation kannst du verschiedene Techniken anwenden. Hier sind die effektivsten:

**Klassisches Brainstorming:**
- Jeder teilt seine Ideen laut mit.
- Die Ideen werden ohne Bewertung gesammelt und visualisiert (z. B. auf einem Whiteboard).
- Beispiel: "Nenne alle Möglichkeiten, wie wir Kunden schneller beliefern können."

**Mind Mapping:**
- Beginne mit einem zentralen Thema in der Mitte eines Blattes oder Tools.
- Verzweige in Unterthemen und Detailideen.
- Diese Methode ist ideal, um Zusammenhänge und neue Ansätze zu erkennen.

**SCAMPER-Technik:**
Diese strukturierte Methode hilft, bestehende Konzepte zu hinterfragen:

- Substitute (Ersetzen): Was kann ersetzt werden?
- Beispiel: Kann ein teures Material durch ein günstigeres ersetzt werden?
- Combine (Kombinieren): Welche Elemente lassen sich verbinden?
- Beispiel: Kann unser Produkt mit einem Service kombiniert werden?
- Adapt (Anpassen): Was kann angepasst oder verändert werden?
- Beispiel: Kann das Design an eine neue Zielgruppe angepasst werden?

(Und so weiter mit weiteren SCAMPER-Fragen wie „Eliminate", „Reverse" usw.)

**Brainwriting:**
Teilnehmer schreiben ihre Ideen anonym auf Zettel. Diese werden dann gesammelt und durch die Gruppe gelesen. Diese Methode hilft besonders introvertierten Teilnehmern, sich einzubringen.

**Rapid Ideation:**
Setze ein Zeitlimit (z. B. 5–10 Minuten) und fordere alle auf, so viele Ideen wie möglich niederzuschreiben. Quantität steht hier vor Qualität.

**6-3-5-Methode:**
6 Teilnehmer, 3 Ideen pro Runde, 5 Runden.
Jeder Teilnehmer notiert 3 Ideen und reicht sie weiter. Der nächste baut auf diesen Ideen auf.

**2.2 Kreativitätsblockaden überwinden**
Blockaden sind normal. Hier einige Strategien, um diese zu lösen:

**Perspektivenwechsel:**
Frage: „Wie würde ein Kind, ein Wissenschaftler oder ein Konkurrent dieses Problem lösen?"
Umgekehrtes Denken:
Denke an das Gegenteil des Problems, z. B.: „Wie könnten wir den Kunden möglichst schlecht bedienen?"

**Externe Inspiration:**
Nutze zufällige Wörter, Bilder oder Zitate, um neue Ideen zu provozieren.

**2.3 Dokumentation sicherstellen**
Alle Ideen müssen erfasst werden, damit nichts verloren geht:

Schreibe sie auf ein Whiteboard oder in digitale Tools wie Trello, Miro oder Notion.
Alternativ kannst du Fotos von handschriftlichen Notizen machen oder Audioaufnahmen nutzen.

**3. Nachbereitung: Von der Idee zur Umsetzung**
Das Sammeln von Ideen ist erst der Anfang. Jetzt geht es darum, die besten Ansätze auszuwählen und umzusetzen.

**3.1 Ideen bewerten**
Erstelle klare Kriterien für die Bewertung:

Relevanz: Passt die Idee zu unserem Ziel?
Machbarkeit: Haben wir die Ressourcen, um diese Idee umzusetzen?
Kosten-Nutzen-Analyse: Ist der potenzielle Wert die Investition wert?

**Nutze Methoden wie:**
- Priorisierungsmatrix: Werte Ideen nach „Aufwand" (niedrig/hoch) und „Wirkung" (niedrig/hoch). Priorisiere Ideen mit hohem Impact und niedrigem Aufwand.
- Punktesystem: Jeder Teilnehmer vergibt Punkte (z. B. 1–5) für jede Idee. Die mit den meisten Punkten kommen weiter.

### 3.2 Verfeinerung der besten Ideen
Entwickle detaillierte Aktionspläne für die besten Ideen.

**Stelle folgende Fragen:**
- Was muss getan werden, um diese Idee zu realisieren?
- Welche Ressourcen oder Unterstützung werden benötigt?
- Welche Herausforderungen könnten auftreten?

### 3.3 Umsetzungsphase planen
Ein klarer Plan sollte enthalten:

- Ziele: Was soll bis wann erreicht werden?
- Verantwortlichkeiten: Wer ist für welche Aufgabe zuständig?
- Zeitplan: Welche Meilensteine gibt es?
- Budget: Wie viel Geld wird benötigt?

## 4. Tipps und Tricks für erfolgreiches Brainstorming

### 4.1 Kreativität fördern
- Warm-ups: Starte mit kreativen Übungen, z. B.: „Nenne 10 verrückte Verwendungszwecke für einen Ziegelstein."
- Erlaubnis zum Träumen: Verrückte Ideen sind oft der Schlüssel zu Innovationen.
- 4.2 Fehler vermeiden

- Keine Kritik: Vermeide es, Ideen während der Sammlung zu bewerten. Das hemmt die Kreativität.
- Fokus verlieren: Bleibe beim Thema, auch wenn spannende Abzweigungen entstehen.

Brainstorming ist ein Prozess, der Vorbereitung, Kreativität und Nachbereitung erfordert. Mit den richtigen Techniken und einem strukturierten Ansatz kannst du innovative Lösungen entwickeln und deine Ziele erreichen. Denke daran: Jede Idee hat Potenzial, solange du ihr Raum gibst, sich zu entfalten.

## DURCHFÜHRUNG VON MARKTFORSCHUNGEN

Die Marktanalyse ist ein wesentlicher Bestandteil jeder erfolgreichen Geschäftsstrategie. Sie liefert entscheidende Einblicke in die Bedürfnisse der Zielgruppe, das Wettbewerbsumfeld und die Markttrends. Mit einer gründlichen Marktanalyse können Unternehmen fundierte Entscheidungen treffen, Risiken minimieren und ihre Ressourcen effizient einsetzen. In diesem Leitfaden werden die wichtigsten Schritte und Methoden zur Durchführung einer Marktanalyse detailliert beschrieben.

**1. Zielsetzung der Marktanalyse**
Bevor Sie mit der Marktanalyse beginnen, sollten klare Ziele definiert werden. Fragen wie „Was möchte ich über meinen Markt erfahren?" oder „Welche Entscheidungen sollen auf Basis der Analyse getroffen werden?" helfen, den Fokus zu schärfen.

**Beispiele für mögliche Ziele:**
- Identifizierung potenzieller Zielgruppen
- Analyse der Wettbewerber
- Verstehen von Markttrends und -entwicklungen
- Ermittlung der Marktgröße und des Marktpotenzials

**2. Definition der Zielgruppe**
Ein zentraler Schritt der Marktanalyse ist die Identifikation der Zielgruppe. Dies ermöglicht es, Produkte oder Dienstleistungen gezielt anzubieten und Marketingstrategien entsprechend anzupassen. Methoden zur Zielgruppenanalyse:

- Demografische Daten: Alter, Geschlecht, Bildungsniveau, Einkommen
- Psychografische Merkmale: Interessen, Werte, Lebensstil
- Geografische Faktoren: Region, Stadt, Land
- Verhaltensdaten: Kaufgewohnheiten, Markentreue, Online-Aktivität

Ein praktisches Hilfsmittel ist die Erstellung von Buyer Personas, also detaillierten Profilen fiktiver Kunden, die die Zielgruppe repräsentieren.

### 3. Analyse des Marktumfelds
Die Untersuchung des Marktumfelds ist entscheidend, um externe Faktoren zu verstehen, die das Geschäft beeinflussen können. Die PESTEL-Analyse bietet eine systematische Herangehensweise:

- Politisch: Regierungspolitik, Handelsabkommen, Steuervorschriften
- Ekonomisch: Konjunktur, Inflation, Arbeitslosenquote
- Sozial: Demografische Veränderungen, kulturelle Trends
- Technologisch: Innovationen, Digitalisierung
- Ekologisch: Umweltauflagen, nachhaltige Trends
- Legal: Gesetzliche Anforderungen, Datenschutzgesetze

Eine detaillierte PESTEL-Analyse hilft Unternehmen, potenzielle Chancen und Risiken frühzeitig zu identifizieren.

### 4. Wettbewerbsanalyse
Die Wettbewerbsanalyse verschafft Einblicke in die Stärken und Schwächen der Konkurrenten. Eine strukturierte Methode hierfür ist das Porter's Five Forces-Modell, das fünf Schlüsselfaktoren untersucht:

- Bedrohung durch neue Marktteilnehmer: Wie einfach ist es für neue Wettbewerber, in den Markt einzutreten?
- Verhandlungsmacht der Lieferanten: Wie stark ist die Abhängigkeit von Lieferanten?

- Verhandlungsmacht der Kunden: Wie leicht können Kunden Preise oder Konditionen beeinflussen?
- Bedrohung durch Ersatzprodukte: Wie hoch ist die Wahrscheinlichkeit, dass Kunden auf Alternativen ausweichen?
- Wettbewerbsintensität innerhalb der Branche: Wie stark ist der Wettbewerb unter den bestehenden Akteuren?

**Weitere Schritte in der Wettbewerbsanalyse umfassen:**
- Identifikation der Hauptkonkurrenten
- Analyse von Marktanteilen, Preisen und Marketingstrategien
- Bewertung der Markenbekanntheit und Kundenloyalität

### 5. Datenerhebung
Die Datenerhebung ist ein zentraler Bestandteil jeder Marktanalyse. Es gibt zwei Hauptquellen:

**Primärforschung:**
- Befragungen: Online-Umfragen, Telefoninterviews, persönliche Gespräche
- Fokusgruppen: Kleine Gruppen, die zu einem bestimmten Thema diskutieren
- Beobachtungen: Analyse von Kundenverhalten in Geschäften oder online

**Sekundärforschung:**
- Branchenberichte: Studien von Marktforschungsunternehmen
- Regierungsdaten: Statistiken von Behörden
- Unternehmensberichte: Jahresberichte von Wettbewerbern
- Online-Quellen: Fachartikel, Blogs, soziale Medien

Beide Methoden haben Vor- und Nachteile. Während Primärforschung spezifische Daten liefert, ist Sekundärforschung oft kostengünstiger und schneller.

### 6. Datenanalyse

Nach der Erhebung der Daten erfolgt die Analyse. Hierbei werden die Informationen systematisch ausgewertet, um Muster und Zusammenhänge zu erkennen. Wichtige Techniken sind:

- SWOT-Analyse: Bewertung der Stärken (Strengths), Schwächen (Weaknesses), Chancen (Opportunities) und Risiken (Threats) des Unternehmens.
- Trendanalysen: Untersuchung vergangener und aktueller Daten, um zukünftige Entwicklungen vorherzusagen.
- Segmentierung: Aufteilung des Marktes in kleinere, homogene Gruppen basierend auf gemeinsamen Merkmalen.

Tools wie Excel, Google Analytics oder spezialisierte Software wie SPSS können den Analyseprozess unterstützen.

### 7. Interpretation der Ergebnisse
Die Interpretation der Ergebnisse ist entscheidend, um konkrete Handlungsempfehlungen abzuleiten. Hierbei sollten die folgenden Fragen beantwortet werden:

- Welche Zielgruppe ist am attraktivsten?
- Welche Marktsegmente bieten das größte Potenzial?
- Welche Wettbewerbsvorteile kann das Unternehmen ausspielen?
- Welche Risiken müssen berücksichtigt werden?

### 8. Erstellung des Berichts
Ein gut strukturierter Bericht fasst die Ergebnisse der Marktanalyse zusammen und dient als Grundlage für strategische Entscheidungen. Der Bericht sollte folgende Elemente enthalten:

- Einleitung: Ziel und Umfang der Analyse
- Methodik: Beschreibung der eingesetzten Methoden und Datenquellen
- Ergebnisse: Übersicht der wichtigsten Erkenntnisse
- Empfehlungen: Konkrete Vorschläge für das weitere Vorgehen
- Anhang: Detaillierte Daten, Grafiken und Quellenangaben

### 9. Kontinuierliche Überprüfung
Märkte sind dynamisch und verändern sich ständig. Daher ist es wichtig, die Marktanalyse regelmäßig zu aktualisieren. Eine kontinuierliche Beobachtung des Marktes ermöglicht es, rechtzeitig auf neue Trends und Herausforderungen zu reagieren.

Die Marktanalyse ist ein unverzichtbares Werkzeug für Unternehmen, die in einem wettbewerbsintensiven Umfeld erfolgreich sein möchten. Sie bietet nicht nur Einblicke in die Bedürfnisse der Kunden und das Verhalten der Wettbewerber, sondern ermöglicht auch die Identifizierung neuer Geschäftsmöglichkeiten. Mit einer klaren Zielsetzung, einer systematischen Vorgehensweise und der richtigen Interpretation der Daten können Unternehmen ihre Marktposition stärken und langfristig erfolgreich sein.

## BEWERTUNG DER MARKTNACHFRAGE

Die Bewertung der Marktnachfrage ist eine der entscheidenden Aufgaben für Unternehmen, um ihre Marktchancen zu bewerten und fundierte strategische Entscheidungen zu treffen. Dabei geht es darum, die Gesamtnachfrage nach einem Produkt oder einer Dienstleistung innerhalb eines spezifischen Marktes zu verstehen, zukünftige Trends zu antizipieren und die Faktoren zu analysieren, die diese Nachfrage beeinflussen. In diesem Dokument wird eine detaillierte Bewertung der verschiedenen Aspekte der Marktnachfrage vorgestellt, um ihre Bedeutung und praktische Anwendungen umfassend zu verdeutlichen.

### 1. Definition und Bedeutung der Marktnachfrage
Die Marktnachfrage beschreibt die Gesamtsumme der Produkte oder Dienstleistungen, die von einer bestimmten Kundengruppe zu einem definierten Zeitpunkt nachgefragt wird. Sie ist eine Schlüsselgröße für die Beurteilung des Marktpotenzials und hat eine zentrale Rolle in der Geschäftsplanung.

**Warum ist die Bewertung der Marktnachfrage wichtig?**

- **Ermittlung von Marktpotenzialen:** Unternehmen können bewerten, ob ein Markt groß genug ist, um rentabel zu sein.
- **Beispiel:** Ein Unternehmen für Elektroautos kann die Marktgröße bestimmen, indem es die Anzahl der potenziellen Käufer und deren Kaufkraft berechnet.
- **Entwicklung strategischer Entscheidungen:** Basierend auf der Nachfrage können Produkte, Dienstleistungen und Marketingstrategien zielgerichtet angepasst werden.
- **Beispiel:** Ein Hersteller von Getränken könnte eine steigende Nachfrage nach alkoholfreien Alternativen erkennen und entsprechend reagieren.
- **Identifikation von Wachstumschancen:** Märkte mit steigender Nachfrage bieten attraktive Wachstumschancen, die strategisch genutzt werden können.

Die Bedeutung der Marktnachfrage zeigt sich besonders in dynamischen Branchen, wie der Technologie- oder Gesundheitsbranche, wo sich Präferenzen und Marktbedingungen schnell ändern.

## 2. Elemente der Marktnachfragebewertung

Die Bewertung der Marktnachfrage basiert auf mehreren Schlüsselfaktoren, die im Folgenden detailliert erläutert werden:

### 2.1. Marktgröße und Marktpotenzial

Die Marktgröße beschreibt das Volumen eines Marktes, typischerweise gemessen in Umsatz oder Verkaufszahlen. Das Marktpotenzial geht noch einen Schritt weiter und betrachtet die zukünftigen Wachstumschancen.

**Wie wird die Marktgröße bestimmt?**

**Quantitative Ansätze:**
Analyse von Verkaufszahlen und Marktforschungsdaten.
Beispiel: Die Smartphone-Industrie kann die Marktgröße ermitteln, indem sie die jährlichen Verkaufszahlen aller Hersteller addiert.

**Top-down-Ansatz:**

Start mit globalen Daten und schrittweise Eingrenzung auf spezifische Segmente.
**Beispiel:** Der globale Kosmetikmarkt wird auf Basis regionaler Umsatzanteile analysiert.

**Bottom-up-Ansatz:**
Erhebung von Daten auf Mikroebene (z. B. aus einzelnen Filialen) und Hochrechnung auf den Gesamtmarkt.

**Marktpotenzialanalyse**
Neben der aktuellen Marktgröße ist es entscheidend, das Wachstumspotenzial zu analysieren. Dazu gehören Faktoren wie:

- Technologische Innovationen.
- Regulierungen, die den Markt beeinflussen.
- Veränderungen in Verbraucherpräferenzen.

**Beispiel:** Der Markt für elektrische Lastwagen könnte in den nächsten Jahren aufgrund von Umweltauflagen und technologischen Fortschritten erheblich wachsen.

## 2.2. Zielgruppenanalyse
Die Zielgruppenanalyse konzentriert sich auf die Identifikation und Segmentierung der potenziellen Käufer. Dies umfasst demografische, psychografische und geografische Faktoren.

### Wie wird die Zielgruppe analysiert?
- **Demografische Daten:** Alter, Geschlecht, Einkommen und Bildungsniveau.
- **Psychografische Daten:** Einstellungen, Werte, Lebensstile und Verhaltensweisen.
- **Geografische Daten:** Stadt, Land oder Region, in der die Zielgruppe lebt.

**Vorteile einer genauen Zielgruppenanalyse**
Unternehmen können ihre Marketingmaßnahmen effektiver gestalten.
Produkte können spezifisch auf die Bedürfnisse der Zielgruppe abgestimmt werden.

Neue Marktsegmente können identifiziert werden.
**Beispiel:** Eine Fitness-App richtet sich an technologieaffine Millennials, die Wert auf Mobilität und Gesundheit legen. Die Analyse zeigt, dass diese Zielgruppe bereit ist, monatlich 10–20 Euro für solche Dienste auszugeben.

## 2.3. Wettbewerbsanalyse
Ein essenzieller Teil der Nachfragebewertung ist die Analyse des Wettbewerbs, um die Marktposition zu verstehen.

### Wichtige Aspekte der Wettbewerbsanalyse
- **Direkte Wettbewerber:** Unternehmen, die ähnliche Produkte oder Dienstleistungen anbieten.
- **Beispiel:** Im Bereich Streaming-Dienste sind Netflix, Amazon Prime und Disney+ direkte Wettbewerber.
- **Indirekte Wettbewerber:** Unternehmen, die alternative Lösungen für die gleichen Bedürfnisse anbieten.
- **Beispiel:** Kinos könnten als indirekte Wettbewerber von Streaming-Diensten betrachtet werden.
- **Marktanteile und Strategien:** Eine Analyse, wie Wettbewerber den Markt bedienen, welche Preisstrategien sie verfolgen und wie sie sich differenzieren.

## 2.4. Trends und externe Einflüsse
Trends und externe Einflüsse wie technologische Entwicklungen, regulatorische Änderungen und wirtschaftliche Rahmenbedingungen haben einen erheblichen Einfluss auf die Marktnachfrage.

### Technologische Entwicklungen
Innovationen können neue Nachfrage schaffen.
**Beispiel:** Die Einführung von 5G-Technologien hat die Nachfrage nach kompatiblen Geräten und Diensten erhöht.

### Regulatorische Änderungen
Neue Vorschriften können Märkte fördern oder begrenzen.
**Beispiel:** Strengere Umweltgesetze fördern die Nachfrage nach emissionsfreien Fahrzeugen.

**Sozioökonomische Veränderungen**
Demografische Veränderungen wie die Alterung der Bevölkerung beeinflussen die Nachfrage nach Gesundheits- und Pflegediensten.

### 3. Methoden zur Bewertung der Marktnachfrage
**Primärforschung**
Was ist es? Direkte Datenerhebung durch Interviews, Umfragen oder Beobachtungen.

- Vorteil: Maßgeschneiderte und spezifische Erkenntnisse.
- Nachteil: Zeit- und kostenintensiv.
- Beispiel: Eine Umfrage unter potenziellen Kunden zu neuen Features eines Produkts.

**Sekundärforschung**
Was ist es? Nutzung bestehender Daten aus Berichten, Studien oder Statistiken.

- Vorteil: Kostengünstig und schnell.
- Nachteil: Daten sind möglicherweise nicht spezifisch genug.
- Beispiel: Marktanalysen aus Berichten von Marktforschungsunternehmen wie Statista oder Nielsen.

### 4. Herausforderungen bei der Bewertung der Marktnachfrage
- Unsicherheiten in der Prognose: Märkte sind dynamisch, und unvorhergesehene Ereignisse (z. B. Pandemien) können Prognosen verfälschen.
- Zugang zu Daten: Hochwertige Daten sind oft schwer zugänglich oder teuer.
- Komplexität dynamischer Märkte: Besonders in innovativen Branchen ändern sich Präferenzen schnell.

Die Bewertung der Marktnachfrage ist ein unverzichtbares Instrument für Unternehmen, die erfolgreich wachsen möchten. Sie erfordert eine systematische Analyse von Marktgröße, Zielgruppe, Wettbewerb und externen Trends. Unternehmen, die sich auf eine gründliche Analyse stützen, können ihre Chancen maximieren und Risiken effektiv minimieren.

# KAPITEL 3:

## DEFINIEREN SIE IHR ALLEINSTELLUNGSMERKMAL (USP)

Die Unique Selling Proposition (USP), auf Deutsch oft als Alleinstellungsmerkmal bezeichnet, ist ein zentraler Begriff im Marketing und der Unternehmensstrategie. Sie beschreibt die einzigartigen Eigenschaften, Vorteile oder Werte eines Produkts, einer Dienstleistung oder einer Marke, die sie von der Konkurrenz abheben und den Kunden einen überzeugenden Grund geben, genau dieses Angebot zu wählen.

**<u>Eine gut definierte USP beantwortet die zentrale Frage:</u>**
„Warum sollten Kunden genau dieses Produkt oder diese Dienstleistung kaufen und nicht die eines Wettbewerbers?"

**Merkmale einer USP:**
- **Einzigartigkeit:** Die USP muss ein Merkmal oder eine Kombination von Merkmalen hervorheben, die nirgendwo anders in derselben Form zu finden sind.
- **Kundenzentriertheit:** Sie sollte auf den Bedürfnissen, Wünschen und Problemen der Zielgruppe basieren.
- **Wettbewerbsfähigkeit:** Sie muss einen klaren Vorteil gegenüber der Konkurrenz bieten.
- **Klarheit:** Die Botschaft sollte einfach und leicht verständlich sein.

**Bedeutung der USP im Marketing**
Die Definition einer USP ist entscheidend, da der Markt in vielen Branchen stark umkämpft ist. Unternehmen, die keine klare USP haben, laufen Gefahr, im „Einheitsbrei" unterzugehen. Eine USP hilft nicht nur, sich von der Konkurrenz abzuheben, sondern auch, langfristig eine loyale Kundenbasis aufzubauen.

**Vorteile einer klaren USP:**
- **Positionierung:** Eine USP hilft dabei, die Marke oder das Produkt in den Köpfen der Zielgruppe eindeutig zu positionieren.

- **Markentreue:** Kunden, die den einzigartigen Wert eines Produkts oder einer Dienstleistung erkennen, bleiben eher treu.
- **Preispolitik:** Eine starke USP kann höhere Preise rechtfertigen, da Kunden den Mehrwert erkennen.
- **Effiziente Kommunikation:** Sie vereinfacht die Werbebotschaften und steigert deren Wirkung.

### Entwicklung einer USP

Die Erarbeitung einer USP ist ein strategischer Prozess, der eine gründliche Analyse des Marktes, der Zielgruppe und der eigenen Stärken erfordert. Hier sind die wesentlichen Schritte:

### 1. Zielgruppenanalyse

Um eine USP zu entwickeln, ist ein tiefes Verständnis der Zielgruppe essenziell:

- Wer sind Ihre Kunden?
- Welche Bedürfnisse, Probleme oder Wünsche haben sie?
- Welche Werte oder Emotionen sind ihnen wichtig?

**Beispiel:** Ein Bio-Lebensmittelgeschäft könnte herausfinden, dass seine Kunden vor allem auf Nachhaltigkeit und Regionalität Wert legen.

### 2. Marktanalyse

Eine Analyse des Wettbewerbs ist unerlässlich, um die Lücke im Markt zu finden:

- Was bietet die Konkurrenz an?
- Welche Schwächen haben die Wettbewerber?
- Gibt es ungenutzte Nischen?

**Beispiel:** In einem Markt voller standardisierter Softwarelösungen könnte ein Anbieter punkten, der maßgeschneiderte Programme für kleine Unternehmen anbietet.

### 3. Eigenanalyse

Die Stärken und Alleinstellungsmerkmale des eigenen Angebots sollten genau untersucht werden:

- Was macht Ihr Produkt oder Ihre Dienstleistung einzigartig?
- Welche Kompetenzen oder Ressourcen hat Ihr Unternehmen, die andere nicht haben?
- Gibt es besondere Technologien, Prozesse oder Partnerschaften?

**Beispiel:** Ein Handwerksbetrieb könnte eine Tradition von über 100 Jahren als Alleinstellungsmerkmal herausstellen.

### 4. Entwicklung der Kernbotschaft
Die USP sollte in eine klare, prägnante Botschaft übersetzt werden, die die drei Hauptfragen beantwortet:

- Was bieten Sie an?
- Wem bieten Sie es an?
- Warum ist Ihr Angebot besser als das der Konkurrenz?

**Formulierung:**
Statt: „Wir verkaufen Möbel."
Besser: „Unsere Möbel sind handgefertigt, nachhaltig produziert und individuell anpassbar – perfekt für Menschen, die Stil und Umweltbewusstsein verbinden möchten."
Arten von USPs
Je nach Branche und Zielgruppe kann eine USP auf unterschiedlichen Faktoren basieren. Hier einige Beispiele:

### 1. Produktbasierte USP
Qualität: Ein Produkt mit überlegener Qualität hebt sich deutlich von der Konkurrenz ab.
Beispiel: „Unsere Matratzen garantieren dank innovativer Technologie eine perfekte Schlafhaltung."
Innovation: Ein einzigartiges Feature oder eine neue Technologie kann eine starke USP darstellen.
Beispiel: „Das erste Smartphone mit integrierter Augmented-Reality-Technologie."

## 2. Servicebasierte USP
Kundenerlebnis: Hervorragender Kundenservice oder eine besonders einfache Benutzererfahrung können ein Alleinstellungsmerkmal sein.
Beispiel: „Lieferung innerhalb von 24 Stunden – garantiert."
Personalisierung: Ein Service, der individuell auf den Kunden zugeschnitten ist.
Beispiel: „Jede Reise, die Sie bei uns buchen, wird auf Ihre Wünsche abgestimmt."

## 3. Preisbasierte USP
- Kostenführerschaft: Günstigere Preise bei gleichwertiger Qualität.
- Beispiel: „Die besten Preise für Elektronik – garantiert günstiger als die Konkurrenz."
- Wertigkeit: Mehrwert für den Preis, den der Kunde zahlt.
- Beispiel: „All-Inclusive-Angebote ohne versteckte Kosten."

## 4. Markenbasierte USP
Tradition und Geschichte: Eine lange Unternehmensgeschichte oder ein starker Markenwert.
Beispiel: „Seit 150 Jahren der führende Anbieter für Feinkost."
Nachhaltigkeit und Ethik: Umweltfreundliche oder soziale Praktiken können Kunden ansprechen.
Beispiel: „100 % unserer Produkte stammen aus nachhaltigem Anbau."

**Erfolgreiche Beispiele aus der Praxis**

### 1. Apple
Apple ist ein Paradebeispiel für eine starke USP. Ihre Kernbotschaft lautet sinngemäß:
„Innovative, benutzerfreundliche und ästhetisch ansprechende Produkte, die Technik und Lifestyle verbinden."
Die Kombination aus Design, Einfachheit und exklusiver Markenwahrnehmung hebt Apple von der Konkurrenz ab.

### 2. IKEA
**IKEA positioniert sich durch die USP:**

„Gut designte, funktionale Möbel zu erschwinglichen Preisen."
Zusätzlich setzt IKEA auf einfache Selbstmontage und
Nachhaltigkeit, um sich weiter abzuheben.

### 3. Tesla
**Tesla differenziert sich durch seine USP:**
„Hochleistungs-Elektrofahrzeuge mit innovativer Technologie, die
Umweltfreundlichkeit mit Luxus verbinden."
Die Kombination aus Nachhaltigkeit und Hightech hat Tesla zu
einem Branchenführer gemacht.

### Umsetzung der USP in der Kommunikation
Eine USP entfaltet ihre Wirkung erst dann vollständig, wenn sie
konsequent in der Kommunikation nach außen getragen wird.
Folgende Kanäle und Methoden sind besonders wichtig:

### 1. Werbung
Die USP sollte in allen Werbematerialien – von Anzeigen bis hin zu
Social-Media-Beiträgen – deutlich kommuniziert werden.

### 2. Webseite
Die Startseite Ihrer Webseite sollte die USP klar darstellen. Ein
einprägsamer Slogan oder eine visuell unterstützte Botschaft kann
hierbei helfen.

### 3. Vertrieb
Das Vertriebsteam sollte die USP verinnerlicht haben und sie in
Verkaufsgesprächen hervorheben.

### 4. Kundenerfahrungen
Durch Bewertungen, Testimonials und Fallstudien kann die USP
authentisch belegt werden.

Die Unique Selling Proposition (USP) ist das Fundament jeder
erfolgreichen Marketingstrategie. Sie gibt Kunden einen klaren
Grund, warum sie sich für ein bestimmtes Angebot entscheiden
sollten. Eine starke USP basiert auf einem tiefen Verständnis der
Zielgruppe, einer gründlichen Marktanalyse und der klaren
Identifikation eigener Stärken. Unternehmen, die ihre USP effektiv

kommunizieren und konsequent umsetzen, schaffen nicht nur eine starke Marktposition, sondern auch eine nachhaltige Beziehung zu ihren Kunden.

Erinnern Sie sich: „Wer keine USP hat, bietet Austauschbarkeit – und Austauschbarkeit ist der erste Schritt zur Bedeutungslosigkeit."

## ERSTELLEN EINES BUSINESSPLANS

Ein Businessplan ist weit mehr als nur ein Dokument; er ist das Fundament eines erfolgreichen Unternehmens. Ob bei der Gründung eines Startups, der Skalierung eines bestehenden Geschäfts oder der Sicherung von Investitionen – ein gut strukturierter Businessplan ist unverzichtbar. In diesem Artikel erfahren Sie detailliert, warum ein Businessplan essenziell ist und wie Sie jeden Abschnitt sorgfältig ausarbeiten, um Ihre Ziele zu erreichen.

**Die Bedeutung eines Businessplans**

**1. Klare Vision und Zielsetzung**
Ein Businessplan zwingt Sie dazu, die Kernidee Ihres Unternehmens präzise zu formulieren. Dies schließt folgende Punkte ein:

- Geschäftsidee: Beschreiben Sie detailliert, welches Problem Ihr Unternehmen löst oder welche Bedürfnisse es erfüllt.
- Ziele: Diese können kurzfristig (innerhalb von 1 Jahr), mittelfristig (2–5 Jahre) und langfristig (5–10 Jahre) sein. Stellen Sie sicher, dass diese Ziele SMART sind (spezifisch, messbar, erreichbar, relevant und termingebunden).
- Leitbild (Mission): Erklären Sie, warum Ihr Unternehmen existiert und welchen Mehrwert es bietet.

Eine klare Zielsetzung dient nicht nur als Leitlinie für Ihre Entscheidungen, sondern motiviert auch Ihr Team und überzeugt externe Stakeholder.

**2. Risikominimierung**
Ein detaillierter Businessplan hilft Ihnen, potenzielle Risiken zu identifizieren und frühzeitig zu managen:

- Marktrisiken: Gibt es Schwankungen in der Nachfrage? Wie könnte sich die Branche entwickeln?
- Finanzielle Risiken: Welche Fixkosten haben Sie, und wie lange können Sie diese decken, bevor das Unternehmen profitabel wird?
- Betriebsrisiken: Gibt es Engpässe in der Lieferkette oder Abhängigkeiten von bestimmten Ressourcen?

Durch Szenarienplanung können Sie Notfallstrategien entwickeln, die Ihr Unternehmen widerstandsfähiger machen.

**3. Finanzplanung und Kapitalbeschaffung**
Investoren oder Banken verlangen konkrete Zahlen. Ein solider Businessplan zeigt:

- Kapitalbedarf: Wie viel Geld benötigen Sie und wofür genau? Stellen Sie sicher, dass Sie Betriebskosten, Investitionen und Rücklagen berücksichtigen.
- Renditeprognosen: Wie und wann wird sich die Investition rentieren?
- Risikoeinschätzung: Zeigen Sie, dass Sie sich der finanziellen Herausforderungen bewusst sind und Strategien haben, um diesen zu begegnen.

Ein überzeugender Finanzplan macht Ihr Unternehmen für Geldgeber attraktiv.

**4. Internes Management-Tool**
Der Businessplan dient als Kompass für das tägliche Management. Er hilft Ihnen:

- Den Fortschritt zu messen, z. B. durch Vergleich von Soll- und Ist-Werten.
- Prioritäten zu setzen, etwa bei der Ressourcenallokation.
- Flexibel auf Änderungen zu reagieren, da Sie Ihre Kernstrategie stets griffbereit haben.

**5. Kommunikation mit Stakeholdern**

Ein Businessplan ist nicht nur für interne Zwecke wichtig. Er bietet eine professionelle Grundlage, um:

- Mitarbeiter zu inspirieren: Eine klare Strategie motiviert das Team und steigert das Engagement.
- Partner zu überzeugen: Lieferanten, Kooperationspartner und Dienstleister sind eher bereit, mit einem gut organisierten Unternehmen zusammenzuarbeiten.
- Investoren zu gewinnen: Eine klare und strukturierte Präsentation Ihrer Idee baut Vertrauen auf.

**Die Schlüsselkomponenten eines Businessplans**
Ein professioneller Businessplan enthält mehrere Bausteine, die im Folgenden detailliert beschrieben werden.

**1. Zusammenfassung (Executive Summary)**
Die Zusammenfassung ist das Aushängeschild Ihres Businessplans. Obwohl sie am Anfang des Dokuments steht, wird sie zuletzt geschrieben. Sie sollte Folgendes beinhalten:

- Kernidee: In wenigen Sätzen beschreiben, worum es geht.
- Zielgruppe: Wer profitiert von Ihrem Produkt oder Ihrer Dienstleistung?
- Finanzielle Highlights: Umsatz- und Gewinnprognosen, Kapitalbedarf und erwartete Renditen.
- Einzigartigkeit: Was macht Ihr Unternehmen besonders?

Diese Sektion sollte prägnant und ansprechend formuliert sein, um Interesse zu wecken. Sie darf nicht länger als 1–2 Seiten sein.

**2. Beschreibung des Unternehmens**
Dieser Abschnitt bietet eine detaillierte Einführung in Ihr Unternehmen:

- Rechtsform: Erklären Sie, warum Sie z. B. eine GmbH, AG oder ein Einzelunternehmen gewählt haben.
- Gründungshistorie: Falls es sich um ein bestehendes Unternehmen handelt, schildern Sie die Entwicklungsgeschichte und wichtige Meilensteine.

- Vision: Wo sehen Sie Ihr Unternehmen in 5 oder 10 Jahren?
- Mission: Warum existiert Ihr Unternehmen? Was ist Ihre Motivation?

Zeigen Sie, wie Ihre Werte und Ziele das Fundament Ihres Unternehmens bilden.

## 3. Marktanalyse

Eine gründliche Marktanalyse ist essenziell, um die Chancen und Risiken Ihres Unternehmens zu verstehen. Gehen Sie auf folgende Punkte ein:

- Branchenanalyse: Analysieren Sie Marktwachstum, Trends und saisonale Schwankungen. Nutzen Sie zuverlässige Datenquellen, um Ihre Aussagen zu untermauern.
- Zielgruppenanalyse: Beschreiben Sie Ihre Zielgruppe im Detail, z. B. nach Demografie, Verhalten, Bedürfnissen und Kaufkraft.
- Konkurrenzanalyse: Untersuchen Sie, wer Ihre Hauptkonkurrenten sind, und vergleichen Sie Stärken, Schwächen, Chancen und Risiken (SWOT-Analyse).

Eine fundierte Analyse zeigt, dass Sie den Markt verstehen und Ihr Geschäft entsprechend positionieren können.

## 4. Organisation und Management

Hier stellen Sie die Struktur Ihres Unternehmens vor:

- Organigramm: Zeigen Sie, wer welche Rolle übernimmt.
- Führungsteam: Geben Sie detaillierte Informationen zu den Fähigkeiten und Erfahrungen der Schlüsselpersonen.
- Personalbedarf: Beschreiben Sie, wie viele Mitarbeiter Sie benötigen und welche Qualifikationen gefragt sind.
- Externe Berater: Nennen Sie Experten, die Sie unterstützen (z. B. Steuerberater, IT-Spezialisten).

Investoren möchten sicherstellen, dass Ihr Team kompetent ist und das Geschäft erfolgreich leiten kann.

## 5. Produkte und Dienstleistungen
Dieser Abschnitt sollte das Herzstück Ihres Businessplans sein:

- Beschreibung: Detaillierte Erläuterung Ihrer Produkte oder Dienstleistungen.
- USP (Unique Selling Proposition): Was unterscheidet Ihr Angebot von dem der Konkurrenz?
- Entwicklungsstatus: Haben Sie einen Prototyp oder ist Ihr Produkt bereits marktreif?
- Erweiterung: Planen Sie zukünftige Innovationen oder zusätzliche Dienstleistungen?

Falls Sie Patente, Lizenzen oder Schutzrechte besitzen, sollten Sie diese ebenfalls erwähnen.

## 6. Marketing- und Vertriebsstrategie
Hier erläutern Sie, wie Sie Ihr Produkt an die Zielgruppe bringen:

- Preismodell: Begründen Sie Ihre Preisstrategie (Premium, Economy, Rabatte etc.).
- Vertriebskanäle: Welche Kanäle nutzen Sie? (Online, Einzelhandel, Großhandel etc.)
- Promotion: Erklären Sie Ihre Marketingmaßnahmen (Social Media, Content-Marketing, Messen, Werbung).
- Kundenbindung: Zeigen Sie, wie Sie Wiederholungskäufe und Loyalität fördern.

Ein überzeugender Plan zeigt, dass Sie wissen, wie Sie Ihre Kunden erreichen und binden.

## 7. Finanzplan
Der Finanzplan ist oft der wichtigste Teil für Investoren. Er sollte folgende Details enthalten:

- Umsatzprognosen: Wie viel Umsatz erwarten Sie in den nächsten Jahren?
- Kostenstruktur: Auflistung aller Fixkosten und variablen Kosten.

- Rentabilitätsanalyse: Wann wird Ihr Unternehmen profitabel?
- Finanzierungsbedarf: Geben Sie an, wie viel Kapital benötigt wird und wofür es verwendet wird.
- Break-even-Analyse: Wann werden die Einnahmen die Ausgaben decken?

Realistische Zahlen und transparente Kalkulationen sind hier entscheidend.

**8. Zeitplan und Meilensteine**
Ein klarer Zeitplan zeigt den Fortschritt und die Entwicklungsphasen Ihres Unternehmens:

Kurze Ziele (0–12 Monate): Produktentwicklung, erste Verkäufe.
Mittelfristige Ziele (1–3 Jahre): Expansion, Umsatzwachstum.
Langfristige Ziele (3–5 Jahre): Marktführerschaft, Internationalisierung.
Setzen Sie klare Fristen, um Ihre Planung nachvollziehbar zu machen.

**9. Anhang**
Der Anhang enthält unterstützende Dokumente wie:

- Lebensläufe der Gründer
- Marktstudien
- Technische Spezifikationen
- Verträge oder Vereinbarungen

Ein Businessplan ist mehr als nur ein Dokument – er ist der Grundstein für den Erfolg Ihres Unternehmens. Durch gründliche Planung und präzise Ausarbeitung können Sie nicht nur Investoren überzeugen, sondern auch Ihr Geschäft effizient steuern und nachhaltiges Wachstum fördern.

# AUSWAHL EINER GESCHÄFTSSTRUKTUR

Die Wahl der richtigen Geschäftsstruktur ist eine der wichtigsten Entscheidungen, die ein Unternehmer bei der Gründung eines Unternehmens treffen muss. Diese Entscheidung beeinflusst rechtliche, steuerliche, finanzielle und organisatorische Aspekte des Unternehmens und kann langfristige Auswirkungen auf dessen Erfolg haben. In diesem Überblick werden die vier häufigsten Geschäftsstrukturen im Detail erklärt: Einzelunternehmen, Personengesellschaft, Gesellschaft mit beschränkter Haftung (GmbH) und Kapitalgesellschaft.

**Einzelunternehmen (Sole Proprietorship)**
Das Einzelunternehmen ist die einfachste und am weitesten verbreitete Geschäftsstruktur, insbesondere bei Kleinunternehmen und Freiberuflern. Es ist eine Rechtsform, bei der eine Einzelperson das Unternehmen vollständig besitzt und leitet. Dies macht sie ideal für Personen, die eine unkomplizierte Möglichkeit suchen, ein Geschäft zu starten.

**Gründung eines Einzelunternehmens**
Die Gründung eines Einzelunternehmens ist in Deutschland vergleichsweise einfach. In vielen Fällen reicht eine Gewerbeanmeldung bei der örtlichen Behörde. Freiberufler, wie Ärzte, Anwälte oder Künstler, müssen sich lediglich beim Finanzamt registrieren. Es ist kein Mindestkapital erforderlich, was diese Struktur besonders attraktiv macht.

**Rechtlicher Status**
Rechtlich gibt es keinen Unterschied zwischen dem Unternehmen und seinem Inhaber. Das bedeutet, dass der Inhaber alle Rechte und Pflichten übernimmt. Der Geschäftsinhaber ist alleiniger Entscheidungsträger, trägt aber auch die volle Verantwortung.

**Vorteile eines Einzelunternehmens**
- Einfachheit und geringe Kosten: Die Gründung und Verwaltung ist unkompliziert und erfordert nur minimale bürokratische Schritte.

- Schnelle Entscheidungsfindung: Da keine Partner oder Gesellschafter beteiligt sind, können Entscheidungen sofort getroffen werden.
- Direkter Gewinn: Der gesamte erwirtschaftete Gewinn gehört dem Inhaber.

**Nachteile eines Einzelunternehmens**
- Unbeschränkte Haftung: Der Inhaber haftet mit seinem gesamten persönlichen Vermögen für die Schulden des Unternehmens. Dies birgt ein hohes finanzielles Risiko.
- Begrenzte Ressourcen: Ohne Partner oder Investoren sind die finanziellen Mittel und Fachkenntnisse oft eingeschränkt.
- Arbeitsbelastung: Der Inhaber ist allein für den Betrieb verantwortlich, was zu Stress und einer hohen Arbeitsbelastung führen kann.

**Steuern und Buchhaltung**
Ein Einzelunternehmer muss Einkommensteuer auf den Gewinn zahlen. Die Buchhaltung ist im Vergleich zu anderen Geschäftsformen weniger komplex, aber eine genaue Aufzeichnung der Einnahmen und Ausgaben ist dennoch erforderlich.

**Wann ist ein Einzelunternehmen sinnvoll?**
Ein Einzelunternehmen eignet sich besonders für Personen, die ein kleines Geschäft starten möchten, bei dem die Risiken überschaubar bleiben. Beispiele sind Kleinunternehmer, Freiberufler oder Händler.

**Personengesellschaft (Partnership)**
Eine Personengesellschaft ist eine Geschäftsstruktur, bei der zwei oder mehr Personen ein Unternehmen gemeinsam gründen und führen. In Deutschland gehören dazu die Gesellschaft bürgerlichen Rechts (GbR), die offene Handelsgesellschaft (OHG) und die Kommanditgesellschaft (KG). Jede Form hat spezifische Eigenschaften, aber sie teilen gemeinsame Prinzipien.

**Gründung einer Personengesellschaft**
Die Gründung erfordert einen Gesellschaftsvertrag, der die Rechte und Pflichten der Partner festlegt. Eine GbR ist besonders einfach

und erfordert keine Eintragung ins Handelsregister, während OHG und KG im Handelsregister eingetragen werden müssen.

**Vorteile einer Personengesellschaft**
Gemeinsame Ressourcen: Partner bringen unterschiedliche Fähigkeiten, Netzwerke und Kapital ein.
Flexibilität: Die Struktur ist anpassbar und eignet sich für verschiedene Geschäftsarten.
Geringere bürokratische Anforderungen: Im Vergleich zur GmbH sind die rechtlichen Anforderungen weniger aufwendig.

**Nachteile einer Personengesellschaft**
- Haftung: In der GbR und OHG haften alle Partner unbeschränkt, das heißt auch mit ihrem Privatvermögen.
- Potenzielle Konflikte: Unterschiedliche Ansichten und Ziele können zu Streitigkeiten führen.
- Gewinnaufteilung: Der Gewinn wird nach Vereinbarung oder zu gleichen Teilen aufgeteilt, was Spannungen verursachen kann.

**Steuern und Buchhaltung**
Eine Personengesellschaft zahlt keine Körperschaftsteuer, da die Gewinne direkt den Gesellschaftern zugeordnet und von diesen individuell versteuert werden.

**<u>Wann ist eine Personengesellschaft sinnvoll?</u>**
Diese Struktur eignet sich für kleinere bis mittelgroße Unternehmen, bei denen Vertrauen und Zusammenarbeit zwischen den Partnern entscheidend sind.

**Gesellschaft mit beschränkter Haftung (GmbH)**
Die GmbH ist eine der häufigsten Unternehmensformen in Deutschland, da sie sowohl für kleine als auch größere Unternehmen zahlreiche Vorteile bietet.

**Gründung einer GmbH**
Die Gründung erfordert einen Gesellschaftsvertrag, eine notarielle Beurkundung und eine Eintragung ins Handelsregister. Das

Mindestkapital beträgt 25.000 Euro, wobei 12.500 Euro bei der Gründung einbezahlt werden müssen.

**Rechtlicher Status**
Die GmbH ist eine juristische Person. Das bedeutet, dass sie unabhängig von ihren Gesellschaftern agieren kann.

**Vorteile einer GmbH**
Haftungsbeschränkung: Gesellschafter haften nur mit ihrer Einlage.
Professioneller Eindruck: Eine GmbH wirkt seriöser als ein Einzelunternehmen oder eine GbR.
Kapitalbeschaffung: Eine GmbH kann leichter Kapital durch Gesellschafter oder Bankkredite beschaffen.

**Nachteile einer GmbH**
Höhere Gründungskosten: Notarkosten, Eintragung und Mindestkapital machen die Gründung teuer.
Aufwendige Verwaltung: Die Buchhaltung und Berichterstattung sind komplex.
Doppelte Besteuerung: Gewinne können auf Gesellschafts- und Gesellschafterebene besteuert werden.

**Steuern und Buchhaltung**
Eine GmbH unterliegt der Körperschaftsteuer und muss jährlich einen Jahresabschluss vorlegen.

**Wann ist eine GmbH sinnvoll?**
Die GmbH eignet sich für Unternehmen, die professionell auftreten möchten und ihre Haftung begrenzen wollen.

**Kapitalgesellschaft (Corporation)**
Kapitalgesellschaften, insbesondere die Aktiengesellschaft (AG), sind eine bevorzugte Wahl für große Unternehmen, die hohe Kapitalsummen benötigen.

**Gründung einer AG**
Die Gründung erfordert ein Grundkapital von mindestens 50.000 Euro, eine Satzung und die Eintragung ins Handelsregister.

### Rechtlicher Status
Eine AG ist eine juristische Person und wird von einem Vorstand geleitet, während ein Aufsichtsrat die Kontrolle übernimmt.

### Vorteile einer AG
Kapitalbeschaffung: Aktien können an Investoren verkauft werden, um Kapital zu beschaffen.
Haftungsbeschränkung: Aktionäre haften nur mit ihrem Aktienkapital.
Langfristige Stabilität: Die AG existiert unabhängig von ihren Aktionären.

### Nachteile einer AG
Hohe Gründungskosten: Die Anforderungen sind kostenintensiv und zeitaufwendig.
Komplexität: Die Verwaltung und Berichterstattung sind umfangreich.
Regulatorischer Aufwand: Es gelten strenge Vorschriften und Kontrollen.

### Steuern und Buchhaltung
Eine AG unterliegt der Körperschaftsteuer und ist zur Veröffentlichung eines Geschäftsberichts verpflichtet.

### [Wann ist eine AG sinnvoll?]()
Eine AG eignet sich für große Unternehmen mit hohem Kapitalbedarf und einer langfristigen Wachstumsstrategie.


### Einzelunternehmen (Fortsetzung)
Schlüsselüberlegungen für ein Einzelunternehmen

### Unternehmerische Freiheit und Verantwortung:
Als Einzelunternehmer liegt die volle Kontrolle über das Unternehmen beim Inhaber. Das bedeutet, dass alle Entscheidungen unabhängig getroffen werden können, ohne dass andere Parteien wie Partner oder Aktionäre ein Mitspracherecht haben. Diese Freiheit ermöglicht schnelle und flexible Anpassungen, birgt jedoch auch das Risiko von Fehlentscheidungen.

**Finanzielle Risiken und Haftung:**
Der größte Nachteil eines Einzelunternehmens ist die unbeschränkte Haftung. Sollte das Unternehmen in finanzielle Schwierigkeiten geraten oder Schulden anhäufen, haftet der Unternehmer mit seinem gesamten Privatvermögen, einschließlich Ersparnissen, Immobilien oder anderen Vermögenswerten. Dies kann besonders gefährlich sein, wenn das Unternehmen Kredite aufnimmt oder rechtliche Auseinandersetzungen führt.

**Wachstumspotenzial und Skalierbarkeit:**
Einzelunternehmen haben oft Schwierigkeiten, zu wachsen, da sie stark von der Arbeitskraft und den finanziellen Mitteln des Inhabers abhängen. Ohne Partner oder Investoren ist es schwieriger, größere Projekte zu finanzieren oder die Geschäftsaktivitäten auszuweiten.

**Kunden- und Geschäftsbeziehungen:**
Kunden schätzen oft den direkten Kontakt und die persönliche Note, die ein Einzelunternehmer bieten kann. Das Unternehmen ist häufig stark mit der Persönlichkeit und den Fähigkeiten des Inhabers verbunden, was eine individuelle Kundenbindung ermöglicht. Gleichzeitig kann dies ein Nachteil sein, da das Unternehmen schwerer weitergegeben oder verkauft werden kann.

**Beispiele für Einzelunternehmen:**
- Freiberufler wie Grafikdesigner, Fotografen oder Berater.
- Kleine Einzelhandelsgeschäfte oder Cafés.
- Dienstleister wie Friseure, Handwerker oder Personal Trainer.
- Personengesellschaft (Fortsetzung)
- Arten von Personengesellschaften in Deutschland

**Gesellschaft bürgerlichen Rechts (GbR):**

Die GbR ist die einfachste Form der Personengesellschaft und wird häufig von Freiberuflern oder Kleinunternehmern genutzt.
Es ist keine Eintragung ins Handelsregister erforderlich, und die Gründungskosten sind gering.

Alle Gesellschafter haften persönlich und gemeinschaftlich für die Verbindlichkeiten der GbR.

**Offene Handelsgesellschaft (OHG):**

Die OHG richtet sich an Kaufleute, die ein größeres Unternehmen gemeinsam führen möchten.
Eine Eintragung ins Handelsregister ist verpflichtend, und es gelten die Vorschriften des Handelsgesetzbuches (HGB).
Wie bei der GbR haften die Gesellschafter persönlich, jedoch eignet sich die OHG für umfangreichere Geschäftsaktivitäten.

**Kommanditgesellschaft (KG):**
Die KG unterscheidet zwischen Komplementären, die unbeschränkt haften, und Kommanditisten, deren Haftung auf ihre Einlage begrenzt ist.

Diese Struktur ermöglicht eine klare Trennung zwischen aktiven und passiven Partnern, wodurch Investoren leichter eingebunden werden können.

**<u>Schlüsselüberlegungen bei einer Personengesellschaft:</u>**

**Gesellschaftervertrag:**
Ein detaillierter Vertrag ist entscheidend, um Rechte, Pflichten und Gewinnverteilung festzulegen. Dies verhindert Konflikte und Missverständnisse, insbesondere bei wichtigen Entscheidungen oder im Falle eines Ausscheidens eines Partners.

**Verantwortungsaufteilung:**
Jeder Gesellschafter sollte klare Zuständigkeiten haben, um Überschneidungen oder Lücken in der Geschäftsführung zu vermeiden.

**Langfristige Perspektive:**
Eine Personengesellschaft eignet sich besonders für Unternehmen, die von einer engen Zusammenarbeit und einer Mischung aus Fähigkeiten profitieren können.

**Beispiele für Personengesellschaften:**
Rechtsanwälte, die eine Kanzlei als GbR gründen.
Familienunternehmen in Form einer KG, bei der Familienmitglieder als Kommanditisten agieren.
Gemeinschaftspraxen von Ärzten oder Steuerberatern.

## Gesellschaft mit beschränkter Haftung (GmbH) (Fortsetzung)

**Haftung und Risikominimierung:**
Die Haftungsbeschränkung ist einer der Hauptgründe, warum viele Unternehmer eine GmbH bevorzugen. Die Gesellschafter haften nicht persönlich für Schulden der Gesellschaft, es sei denn, sie haben beispielsweise Bürgschaften übernommen. Dies schützt das Privatvermögen der Gesellschafter und macht die GmbH besonders attraktiv für risikoreiche oder kapitalintensive Geschäftsvorhaben.

**Kapitalstruktur und Finanzierung:**
Das Stammkapital von mindestens 25.000 Euro dient als Sicherheit für Gläubiger. Zusätzlich bietet die GmbH Flexibilität bei der Kapitalbeschaffung, da weitere Gesellschafter aufgenommen oder Darlehen beantragt werden können.

**Geschäftsführung und Organisation:**
Eine GmbH benötigt mindestens einen Geschäftsführer, der entweder aus dem Kreis der Gesellschafter stammen oder extern eingestellt werden kann. Die Organisation der GmbH ist durch klare rechtliche Vorgaben geregelt, was die interne Struktur formalisierter macht.

**Vor- und Nachteile in der Praxis:**
Stabilität: Eine GmbH bleibt bestehen, auch wenn Gesellschafter wechseln oder ausscheiden.
Nachteil: Der bürokratische Aufwand und die laufenden Kosten, z. B. für Steuerberatung und Buchhaltung, sind höher als bei einem Einzelunternehmen oder einer GbR.

**Beispiele für GmbHs:**
Technologie-Startups, die Investoren suchen und Haftungsrisiken minimieren möchten.

Mittelständische Unternehmen im Handel oder Handwerk.
Franchise-Unternehmen, die eine zentrale Organisation erfordern.

## **Kapitalgesellschaft (Corporation) (Fortsetzung)**

**Die Aktiengesellschaft (AG) im Detail:**
Die AG ist die typische Form einer Kapitalgesellschaft und eignet sich für Unternehmen, die große Summen an Kapital benötigen. Durch die Ausgabe von Aktien können Mittel von einer Vielzahl von Investoren beschafft werden.

**Struktur und Organe der AG:**
- Hauptversammlung: Hier treffen die Aktionäre grundlegende Entscheidungen, wie die Wahl des Aufsichtsrats.
- Aufsichtsrat: Kontrolliert den Vorstand und vertritt die Interessen der Aktionäre.
- Vorstand: Leitet das Tagesgeschäft und trägt die operative Verantwortung.

**Vorteile einer AG:**
- Unabhängigkeit: Eine AG kann unabhängig von ihren Aktionären operieren, was eine langfristige Stabilität gewährleistet.
- Internationalität: Aktiengesellschaften sind besonders geeignet für den internationalen Handel und Kapitalmarkt.

**Nachteile einer AG:**
- Komplexe Verwaltung: Die Führung einer AG erfordert erheblichen Aufwand, einschließlich detaillierter Berichterstattung und Einhaltung gesetzlicher Vorschriften.
- Kosten: Die Gründung und der laufende Betrieb sind teuer.
- Wann ist eine AG sinnvoll?

Eine AG eignet sich besonders für große Unternehmen mit Expansionsplänen, die Zugang zu Kapitalmärkten suchen.

# GESETZLICHE UND BEHÖRDLICHE ANFORDERUNGEN

Verständnis der rechtlichen, steuerlichen und behördlichen Anforderungen. Jeder Aspekt – von der Wahl eines Firmennamens über die Einhaltung von Branchenvorschriften bis hin zur ordnungsgemäßen Zahlung von Steuern – ist entscheidend für den langfristigen Erfolg. Unternehmer müssen nicht nur die örtlichen, staatlichen und bundesstaatlichen Vorschriften kennen, sondern auch sicherstellen, dass sie die erforderlichen Lizenzen, Genehmigungen und Registrierungen erhalten.

**1. Rechtliche und regulatorische Anforderungen**
Die rechtlichen und regulatorischen Anforderungen sind entscheidend für den erfolgreichen Start und Betrieb eines Unternehmens. Diese Anforderungen variieren je nach Branche, Standort und Rechtsform des Unternehmens. Unternehmer müssen sicherstellen, dass sie alle einschlägigen Gesetze und Vorschriften einhalten, um rechtliche Konsequenzen und finanzielle Sanktionen zu vermeiden.

Ein zentraler Schritt besteht darin, die richtige Rechtsform für das Unternehmen zu wählen. In Deutschland gibt es mehrere Rechtsformen, darunter Einzelunternehmen, Gesellschaft mit beschränkter Haftung (GmbH), Aktiengesellschaft (AG) und Personengesellschaften wie die offene Handelsgesellschaft (OHG). Die Wahl der Rechtsform beeinflusst die Haftung, Steuerpflicht und Buchhaltungsanforderungen.

Neben der Rechtsform müssen Unternehmen spezifische Vorschriften beachten, die sich aus ihrer Branche ergeben. Beispielsweise gelten für Gastronomiebetriebe Hygienevorschriften und für Bauunternehmen Sicherheitsstandards. Auch der Datenschutz ist ein wesentliches Thema, insbesondere im Hinblick auf die Datenschutz-Grundverordnung (DSGVO), die den Umgang mit personenbezogenen Daten regelt.

Ein weiterer Aspekt ist die Gewerbeanmeldung. Jedes Unternehmen muss bei der zuständigen Behörde angemeldet werden. Zusätzlich kann es erforderlich sein, sich in bestimmten Berufs- oder Handelsregistern eintragen zu lassen. Unternehmen müssen auch ihre allgemeinen Geschäftsbedingungen (AGB) und Verträge rechtlich einwandfrei gestalten, um Konflikte mit Kunden oder Geschäftspartnern zu vermeiden.

Unternehmer sollten rechtzeitig juristische Beratung einholen, um die Einhaltung aller rechtlichen Vorgaben sicherzustellen. Dies schützt nicht nur vor rechtlichen Konsequenzen, sondern stärkt auch die Glaubwürdigkeit und Professionalität des Unternehmens.

**2. Registrierung des Firmennamens**
Die Wahl und Registrierung eines Firmennamens sind wesentliche Schritte bei der Unternehmensgründung. Der Firmenname ist nicht nur ein rechtlicher Identifier, sondern auch ein wichtiges Marketinginstrument. In Deutschland muss der Name bestimmte rechtliche Kriterien erfüllen. Er darf beispielsweise nicht irreführend sein und muss unterscheidbar von anderen eingetragenen Namen sein.

Der erste Schritt bei der Namensfindung besteht darin, sicherzustellen, dass der gewünschte Name verfügbar ist. Dazu kann eine Recherche im Handelsregister, beim Deutschen Patent- und Markenamt (DPMA) und bei der zuständigen Industrie- und Handelskammer (IHK) durchgeführt werden. Es ist ratsam, den Namen auch auf Verfügbarkeit als Domain für eine Website zu überprüfen.

Nach der Namenswahl erfolgt die Eintragung ins Handelsregister. Einzelunternehmen müssen dies nicht zwingend tun, aber für Kapitalgesellschaften wie die GmbH ist dies verpflichtend. Der eingetragene Name genießt Markenschutz, was bedeutet, dass andere Unternehmen denselben oder einen ähnlichen Namen in derselben Branche nicht verwenden dürfen.

Auch die Markenregistrierung ist ein wichtiger Aspekt. Wenn der Firmenname als Marke geschützt werden soll, muss eine

Anmeldung beim DPMA erfolgen. Dies bietet zusätzlichen Schutz gegen Nachahmer und stärkt die Markenidentität.

Ein gut gewählter und registrierter Firmenname trägt erheblich zum langfristigen Erfolg eines Unternehmens bei und bietet rechtliche Sicherheit sowie Wiedererkennungswert.

### 3. Erwerb von Lizenzen und Genehmigungen

Je nach Art des Unternehmens können verschiedene Lizenzen und Genehmigungen erforderlich sein. Diese Genehmigungen sind notwendig, um die Einhaltung von Branchenvorschriften, Sicherheitsstandards und anderen rechtlichen Anforderungen sicherzustellen. In Deutschland hängt der Bedarf an Lizenzen stark von der Branche und dem Standort des Unternehmens ab.

Für bestimmte Tätigkeiten, wie den Betrieb eines Restaurants, den Verkauf von Alkohol oder die Erbringung von Handwerksdienstleistungen, sind spezielle Genehmigungen erforderlich. Beispielsweise benötigt ein Gastronomiebetrieb eine Schanklizenz, die beim zuständigen Ordnungsamt beantragt werden muss. Handwerksbetriebe müssen sich in die Handwerksrolle eintragen lassen, bevor sie tätig werden dürfen.

Die Beantragung von Genehmigungen kann zeitaufwändig sein, da oft verschiedene Dokumente und Nachweise erforderlich sind. Dazu gehören häufig ein polizeiliches Führungszeugnis, ein Nachweis der fachlichen Eignung und eventuell ein Nachweis über die finanzielle Zuverlässigkeit. Unternehmen müssen auch sicherstellen, dass ihre Räumlichkeiten den baurechtlichen Vorschriften und den Anforderungen des Brandschutzes entsprechen.

Die Einhaltung aller Lizenz- und Genehmigungsanforderungen ist nicht nur gesetzlich vorgeschrieben, sondern zeigt auch Professionalität und Seriosität. Verstöße gegen diese Vorschriften können erhebliche Geldstrafen oder sogar die Schließung des Unternehmens zur Folge haben.

### 4. Steuerliche Verpflichtungen verstehen

Steuerliche Verpflichtungen gehören zu den zentralen Pflichten jedes Unternehmens. In Deutschland umfasst dies die Erfüllung von Einkommens-, Körperschafts-, Umsatz- und Gewerbesteuerpflichten. Jede dieser Steuerarten hat spezifische Anforderungen und Fristen, die eingehalten werden müssen.

Die Einkommensteuer betrifft vor allem Einzelunternehmen und Personengesellschaften, bei denen der Gewinn direkt dem Inhaber oder den Gesellschaftern zugerechnet wird. Kapitalgesellschaften, wie GmbHs, unterliegen hingegen der Körperschaftssteuer. Die Gewerbesteuer ist eine kommunale Steuer, die auf den Gewinn von Unternehmen erhoben wird, sofern sie die Freigrenze überschreiten.

Die Umsatzsteuer (Mehrwertsteuer) ist eine der komplexesten Steuerarten. Unternehmen müssen in der Regel 19 % (oder 7 % für bestimmte Produkte und Dienstleistungen) auf ihre Umsätze aufschlagen und regelmäßig Umsatzsteuervoranmeldungen abgeben. Gleichzeitig können sie die Vorsteuer, die sie bei Einkäufen zahlen, geltend machen.

Es ist ratsam, frühzeitig einen Steuerberater zu konsultieren, um die steuerlichen Verpflichtungen zu verstehen und zu planen. Ein Steuerberater kann nicht nur bei der Erstellung von Steuererklärungen und Bilanzen helfen, sondern auch Strategien zur Optimierung der Steuerlast entwickeln.

**5. Lokale, staatliche und bundesweite Steuern**
Die Besteuerung in Deutschland erfolgt auf verschiedenen Ebenen: lokal, staatlich und bundesweit. Auf lokaler Ebene ist vor allem die Gewerbesteuer relevant, die von den Gemeinden erhoben wird. Der Hebesatz variiert je nach Gemeinde und beeinflusst die Höhe der Steuer erheblich.

Auf staatlicher und bundesweiter Ebene spielen die Einkommensteuer, Körperschaftssteuer und die Solidaritätszuschlag eine Rolle. Auch die Umsatzsteuer wird bundesweit geregelt, wobei die Einnahmen zwischen Bund, Ländern und Gemeinden aufgeteilt werden.

Ein weiteres Thema ist die Lohnsteuer, die Arbeitgeber für ihre Mitarbeiter abführen müssen. Diese Steuer wird direkt vom Bruttogehalt der Arbeitnehmer einbehalten und an das Finanzamt abgeführt. Unternehmer müssen zudem Beiträge zur Sozialversicherung abführen, was ebenfalls Teil der steuerlichen Verpflichtungen ist.

Die genaue Einhaltung aller steuerlichen Vorschriften und die pünktliche Abgabe von Steuererklärungen sind unerlässlich, um Strafen und Zinsen für verspätete Zahlungen zu vermeiden. Moderne Buchhaltungssoftware kann dabei helfen, den Überblick zu behalten, aber die Unterstützung eines Steuerberaters ist oft unverzichtbar.

# WIE MAN EINE ARBEITGEBER-IDENTIFIKATIONSNUMMER (EIN) BEANTRAGT

Die Arbeitgeber-Identifikationsnummer (EIN) ist eine neunstellige Nummer, die vom US-amerikanischen Internal Revenue Service (IRS) an Unternehmen vergeben wird, um diese steuerlich zu identifizieren. Für Unternehmen, die in den USA tätig sind oder dort steuerliche Verpflichtungen haben, ist die EIN unerlässlich. Sie wird für die Steuererklärung und andere gesetzliche Meldepflichten verwendet.

Für Unternehmen in Europa, die in den USA steuerlich verpflichtet sind, ist die Beantragung einer EIN ebenfalls erforderlich, um Geschäfte und Transaktionen mit US-amerikanischen Behörden durchführen zu können. Auch wenn es in Europa keine direkte Entsprechung zur EIN gibt, ist die Beantragung der EIN für Unternehmen, die in den USA tätig werden, von entscheidender Bedeutung.

Warum braucht man eine EIN?
Ein Unternehmen benötigt eine EIN, um:

- Steuererklärungen in den USA abzugeben.
- Mitarbeiter zu beschäftigen und Löhne zu melden.
- Ein Geschäftskonto in den USA zu eröffnen.
- Geschäftslizenzen oder Genehmigungen zu beantragen.
- Eine juristische Person (z.B. GmbH oder AG) zu gründen.
- Steuerliche Verpflichtungen auf Bundes- oder Landesebene zu erfüllen.

Die EIN hilft auch dabei, das Unternehmen von den Eigentümern zu trennen, was Schutz vor Identitätsdiebstahl bietet.

**Wer benötigt eine EIN?**
Ein Unternehmen muss eine EIN beantragen, wenn:

- Es eine Kapitalgesellschaft oder eine Partnerschaft ist.

- Es Mitarbeiter beschäftigt.
- Es steuerliche Verpflichtungen im Zusammenhang mit Alkohol, Tabak, Waffen oder Beschäftigung hat.
- Es eine Stiftung, ein Nachlass oder eine gemeinnützige Organisation betreibt.
- Ein ausländisches Unternehmen eine steuerliche Verpflichtung in den USA hat.

**Schritte zur Beantragung einer EIN**
Vorbereitung der erforderlichen Informationen
Vor der Beantragung der EIN müssen Unternehmer die folgenden Informationen bereitstellen:

Rechtlicher Name des Unternehmens.
Rechtsform des Unternehmens (z.B. GmbH, AG, Einzelunternehmen).
Adresse des Unternehmens (physische Adresse in den USA oder eine internationale Adresse).
Verantwortliche Person: Name und Sozialversicherungsnummer (SSN) oder Steueridentifikationsnummer (ITIN) der verantwortlichen Person.
Art des Unternehmens: Eine kurze Beschreibung der Geschäftstätigkeit.

**Auswahl des Antragsverfahrens**
Es gibt mehrere Möglichkeiten, die EIN zu beantragen:

Online-Antrag: Der schnellste und einfachste Weg ist, den Antrag online über die IRS-Website zu stellen. Nach erfolgreicher Antragstellung erhält das Unternehmen sofort eine EIN.
Telefonisch (für internationale Bewerber): Für internationale Unternehmen kann der Antrag auch telefonisch über die EIN-Hotline der IRS (1-267-941-1099) gestellt werden.
Fax: Der Antrag kann auch per Fax eingereicht werden, indem das Formular SS-4 ausgefüllt und an die entsprechende IRS-Faxnummer gesendet wird.
Per Post: Alternativ kann der Antrag auch per Post an die IRS-Adresse geschickt werden.

## Ausfüllen des IRS-Formulars SS-4
Formular SS-4 wird verwendet, um die EIN zu beantragen. Es enthält Angaben zu:

- Name und Struktur des Unternehmens.
- Verantwortliche Person und deren Steuer-ID.
- Adresse des Unternehmens und Geschäftskontaktdaten.

## Einreichung des Antrags
Nach dem Ausfüllen von Formular SS-4 kann der Antrag online, per Fax oder per Post eingereicht werden.

Online: Sie erhalten die EIN sofort.
Fax: Die EIN wird in der Regel innerhalb von vier Arbeitstagen zugestellt.
Post: Die Bearbeitung kann bis zu sechs Wochen dauern.

## Bestätigung der EIN
Nach der Ausstellung der EIN sendet die IRS eine offizielle Bestätigung des Unternehmens. Diese Bestätigung sollte sorgfältig aufbewahrt werden, da die EIN für alle zukünftigen steuerlichen Meldepflichten verwendet wird.

## **Verwendung der EIN**
Nach Erhalt der EIN kann diese für verschiedene Zwecke verwendet werden:

- Eröffnung eines Geschäftskontos.
- Abgabe von Steuererklärungen.
- Beantragung von Lizenzen und Genehmigungen.
- Beantragung von Krediten und Darlehen.

## Einrichtung von Geschäftsinformationen in Europa
Die Geschäftsinformationen in Europa bieten Unternehmen die notwendige Absicherung gegen Risiken und schützen sie vor unerwarteten finanziellen Belastungen. Während die gesetzlichen Anforderungen und der Versicherungsschutz je nach Land innerhalb Europas unterschiedlich sind, gibt es eine Reihe von

Standardversicherungen, die für die meisten Unternehmen relevant sind.

**Warum ist Geschäftsinformation notwendig?**
Geschäftsinformationen bieten Unternehmen finanziellen Schutz in verschiedenen Bereichen:

- Haftpflicht: Schutz vor Ansprüchen Dritter aufgrund von Schäden oder Verlusten, die durch das Unternehmen verursacht wurden.
- Betriebsunterbrechung: Kompensation bei Geschäftsausfällen, die durch Katastrophen, Feuer oder andere unvorhergesehene Ereignisse verursacht werden.
- Eigentum und Vermögensschutz: Absicherung von Geschäftsgebäuden und -gütern gegen Feuer, Diebstahl oder andere Schäden.
- Arbeitnehmerabsicherung: Deckung gegen arbeitsbedingte Verletzungen und Unfälle, einschließlich der gesetzlichen Anforderungen an die Unfallversicherung.

**Arten von Geschäftsinformationen in Europa**
Haftpflichtversicherung
In Europa ist die Haftpflichtversicherung für Unternehmen ein grundlegender Bestandteil. Diese Versicherung deckt Schäden ab, die durch das Unternehmen oder seine Mitarbeiter an Dritten verursacht werden. Beispiele sind:

Betriebs-Haftpflichtversicherung: Deckt Schäden an Eigentum oder Körperverletzung Dritter ab.
Produkthaftpflichtversicherung: Für Unternehmen, die Produkte herstellen oder vertreiben, ist diese Versicherung von entscheidender Bedeutung, um gegen Schadensersatzansprüche aufgrund fehlerhafter Produkte abgesichert zu sein.

**Betriebsunterbrechungsversicherung**
Diese Versicherung schützt ein Unternehmen vor finanziellen Verlusten, die durch eine Betriebsunterbrechung entstehen. Zum Beispiel, wenn ein Brand oder eine Naturkatastrophe das Geschäft lahmlegt. Sie deckt nicht nur Schäden an den physischen Gebäuden,

sondern auch den Verlust an Umsatz und laufenden Kosten während der Unterbrechung.

**Eigentumsschutzversicherung**
Diese Art der Versicherung schützt physische Vermögenswerte des Unternehmens wie Gebäude, Maschinen und Waren vor Schäden durch Feuer, Diebstahl, Einbruch oder andere unvorhergesehene Ereignisse. In einigen Ländern ist dies eine gesetzliche Anforderung für Unternehmen, die Vermögenswerte besitzen.

**Gesetzliche Unfallversicherung**
In vielen europäischen Ländern sind Unternehmen gesetzlich verpflichtet, eine Unfallversicherung für ihre Mitarbeiter abzuschließen. Diese Versicherung schützt die Mitarbeiter vor den finanziellen Folgen von Arbeitsunfällen oder arbeitsbedingten Erkrankungen. Die Versicherung übernimmt die Behandlungskosten sowie die Entschädigung für den Verdienstausfall im Falle eines Arbeitsunfalls.

**Berufshaftpflichtversicherung**
Diese Versicherung ist für Unternehmen wichtig, die professionelle Dienstleistungen erbringen, wie zum Beispiel Anwälte, Ärzte, Ingenieure oder Architekten. Sie schützt vor Ansprüchen, die aufgrund von Fehlern oder Versäumnissen bei der Ausführung der Dienstleistung entstehen.

**Wie man eine Geschäftsinformation in Europa abschließt**
Risikoanalyse
Bevor Sie eine Versicherung abschließen, sollten Sie eine detaillierte Risikoanalyse durchführen. Identifizieren Sie alle möglichen Risiken, denen Ihr Unternehmen ausgesetzt ist, und bestimmen Sie, welche Versicherungen für Ihre spezifischen Bedürfnisse notwendig sind.

**Vergleich von Anbietern**
In Europa gibt es viele Versicherungsanbieter, die unterschiedliche Policen und Deckungsgrade anbieten. Vergleichen Sie die Angebote, um sicherzustellen, dass Sie den besten Versicherungsschutz zu einem vernünftigen Preis erhalten. Achten

Sie auf Bewertungen, Vertragsbedingungen und den Ruf des Anbieters.

**Rechtliche Anforderungen prüfen**
Prüfen Sie, welche Versicherungen für Ihr Unternehmen gesetzlich vorgeschrieben sind. Beispielsweise ist in vielen europäischen Ländern eine Haftpflichtversicherung für bestimmte Unternehmensarten obligatorisch. Außerdem müssen Arbeitgeber für ihre Mitarbeiter eine Unfallversicherung abschließen.

**Abschluss der Versicherung**
Sobald Sie den richtigen Versicherungsanbieter und die passenden Policen ausgewählt haben, können Sie den Versicherungsvertrag abschließen. Beachten Sie, dass in einigen Ländern auch obligatorische Zusatzversicherungen erforderlich sein können, z. B. eine Arbeitnehmer-Unfallversicherung.

**Überprüfung und Anpassung der Versicherung**
Es ist wichtig, regelmäßig den Versicherungsschutz zu überprüfen, um sicherzustellen, dass er mit den Veränderungen in Ihrem Unternehmen übereinstimmt. Wenn Sie neue Produkte einführen oder Ihre Geschäftstätigkeit ausweiten, sollten Sie Ihre Versicherungen entsprechend anpassen.

# KAPITEL 4:

## EINRICHTEN IHRER FINANZEN

Bevor Sie das faszinierende Taiwan erkunden, ist es wichtig, die Einreisebestimmungen und Visab Das Einrichten der Finanzen ist der erste und wichtigste Schritt, um ein Unternehmen erfolgreich zu starten und zu führen. Eine solide finanzielle Grundlage sorgt für Transparenz und erleichtert die Verwaltung des Geschäftsbetriebs. Der Prozess beginnt mit einer klaren Trennung zwischen privaten und geschäftlichen Finanzen. Dies hilft nicht nur bei der Buchführung, sondern auch bei der steuerlichen Abrechnung. Ein umfassender Finanzplan ist essenziell, um den Kapitalbedarf des Unternehmens zu bestimmen. Dies umfasst sowohl einmalige Startkosten als auch laufende Betriebskosten.

Es ist wichtig, eine Liste aller zu erwartenden Ausgaben zu erstellen. Dazu gehören Miete, Gehälter, Marketing, Versicherungen und eventuelle Lizenzgebühren. Parallel dazu sollte eine Aufstellung der voraussichtlichen Einnahmen erfolgen, um sicherzustellen, dass das Unternehmen rentabel bleibt. Unternehmer sollten auch Rücklagen für unvorhergesehene Ausgaben einplanen.

Digitale Tools wie Buchhaltungssoftware oder spezialisierte Apps können helfen, die Finanzen effizient zu organisieren. Darüber hinaus ist es ratsam, professionelle Beratung in Anspruch zu nehmen, sei es durch Steuerberater oder Finanzexperten. Regelmäßige Überprüfungen der finanziellen Situation stellen sicher, dass das Unternehmen auf Kurs bleibt und gegebenenfalls Anpassungen vorgenommen werden können.

**Eröffnung eines Geschäftskontos**
Die Eröffnung eines Geschäftskontos ist ein entscheidender Schritt, um die finanziellen Angelegenheiten eines Unternehmens professionell zu regeln. Ein separates Konto für geschäftliche Transaktionen gewährleistet eine klare Trennung zwischen privaten

und geschäftlichen Finanzen, was nicht nur die Buchhaltung erleichtert, sondern auch rechtliche Vorteile bietet.

**Um ein Geschäftskonto zu eröffnen, benötigt man in der Regel die folgenden Unterlagen:**

Gewerbeanmeldung oder Handelsregisterauszug
Personalausweis oder Reisepass des Geschäftsführers
Steueridentifikationsnummer (falls zutreffend)
Gründungsunterlagen bei juristischen Personen

Ein Vergleich verschiedener Banken ist unerlässlich, da die Konditionen, Gebühren und Zusatzleistungen variieren können. Manche Banken bieten spezielle Pakete für Start-ups an, die zusätzliche Vorteile wie kostenlose Buchhaltungssoftware oder Beratung beinhalten.

Ein Geschäftskonto bietet nicht nur die Möglichkeit, Zahlungen entgegenzunehmen und auszuführen, sondern auch eine zentrale Plattform für alle finanziellen Transaktionen des Unternehmens. Einige Banken ermöglichen es auch, Kreditlinien oder Kontokorrentkredite direkt mit dem Geschäftskonto zu verknüpfen.

**Verständnis für Geschäftskredite**
Geschäftskredite sind eine wichtige Finanzierungsquelle für Unternehmen, insbesondere für Start-ups, die Kapital benötigen, um den Betrieb aufzunehmen oder zu erweitern. Ein grundlegendes Verständnis der verschiedenen Arten von Geschäftskrediten ist entscheidend, um die richtige Wahl zu treffen. Zu den häufigsten Arten gehören:

- Kontokorrentkredite: Kurzfristige Kredite, die zur Überbrückung von Liquiditätsengpässen genutzt werden können.
- Investitionskredite: Langfristige Kredite für größere Anschaffungen wie Maschinen oder Immobilien.
- Mikrokredite: Kleine Kredite, die häufig von staatlichen Institutionen oder Mikrofinanzinstituten angeboten werden.

Vor der Beantragung eines Kredits sollten Unternehmer eine detaillierte Analyse ihres Kapitalbedarfs durchführen und eine klare Rückzahlungsstrategie entwickeln. Kreditgeber erwarten in der Regel einen gut ausgearbeiteten Geschäftsplan sowie Finanzprognosen, die die Fähigkeit des Unternehmens zur Rückzahlung des Kredits belegen.

Darüber hinaus ist es wichtig, die Kreditbedingungen sorgfältig zu prüfen, einschließlich Zinssätzen, Laufzeiten und möglichen Zusatzgebühren. Ein Vergleich verschiedener Anbieter kann helfen, die günstigsten Konditionen zu finden.

**Einrichtung von Buchhaltungssystemen**
Ein effektives Buchhaltungssystem ist unverzichtbar, um die finanzielle Gesundheit eines Unternehmens zu überwachen und sicherzustellen, dass alle gesetzlichen Anforderungen erfüllt werden. Die Buchhaltung umfasst die Aufzeichnung aller Einnahmen und Ausgaben, die Erstellung von Berichten und die Vorbereitung auf Steuerprüfungen.

Es gibt zwei Hauptmethoden der Buchführung: die einfache Buchführung, die nur Einnahmen und Ausgaben erfasst, und die doppelte Buchführung, die Vermögenswerte, Verbindlichkeiten und Eigenkapital berücksichtigt. Für kleinere Unternehmen reicht oft die einfache Buchführung aus, während größere Unternehmen auf die doppelte Buchführung angewiesen sind.

Die Wahl der richtigen Buchhaltungssoftware ist ein wichtiger Schritt. Beliebte Programme wie QuickBooks, Xero oder Lexware bieten Funktionen wie automatisierte Berichte, Steuerberechnungen und die Integration von Geschäftskonten. Einige Softwarelösungen sind speziell auf bestimmte Branchen zugeschnitten.

Zusätzlich sollte ein Steuerberater oder Buchhalter konsultiert werden, um sicherzustellen, dass das Buchhaltungssystem den gesetzlichen Vorgaben entspricht.

**Verwaltung von Startkosten**

Startkosten sind die anfänglichen Ausgaben, die bei der Gründung eines Unternehmens anfallen. Dazu gehören Kosten für die Registrierung, Miete, Ausstattung, Marketing und Personal. Die sorgfältige Verwaltung dieser Kosten ist entscheidend, um finanzielle Engpässe zu vermeiden und das Unternehmen auf einen erfolgreichen Kurs zu bringen.

Eine detaillierte Liste aller notwendigen Ausgaben ist der erste Schritt. Diese sollte in fixe und variable Kosten unterteilt werden. Fixkosten bleiben konstant (z. B. Miete), während variable Kosten je nach Geschäftstätigkeit schwanken können (z. B. Materialkosten).

Es ist ratsam, Startkosten aus mehreren Quellen zu finanzieren, um Risiken zu minimieren. Dazu gehören Eigenkapital, Geschäftskredite, Fördermittel oder Investoren. Regelmäßige Überprüfungen des Finanzplans und Anpassungen sorgen dafür, dass das Unternehmen innerhalb des Budgets bleibt.

**Schätzung der anfänglichen Kosten**
Die Schätzung der anfänglichen Kosten ist ein wesentlicher Bestandteil der Geschäftsplanung. Sie gibt Einblick in den finanziellen Bedarf und hilft, potenzielle Risiken zu identifizieren. Die Kosten können in drei Hauptkategorien unterteilt werden:

- Einrichtungskosten: Ausgaben für Büroausstattung, Möblierung und IT-Infrastruktur.
- Betriebskosten: Laufende Ausgaben wie Gehälter, Miete und Strom.
- Marketingkosten: Investitionen in Werbung, Website-Entwicklung und Branding.

Eine präzise Schätzung erfordert umfassende Recherchen. Unternehmer sollten Angebote von Lieferanten einholen und Vergleichsanalysen durchführen, um die besten Preise zu sichern.

**Erstellung eines Budgets**
Ein Budget ist ein Plan, der Einnahmen und Ausgaben eines Unternehmens für einen bestimmten Zeitraum abbildet. Es ist ein Instrument, das dabei hilft, finanzielle Ziele zu erreichen und die

Liquidität sicherzustellen. Ein gutes Budget sollte realistisch, flexibel und anpassungsfähig sein.

Es ist ratsam, das Budget in monatliche, vierteljährliche und jährliche Abschnitte zu unterteilen, um die Überwachung zu erleichtern. Unternehmer sollten regelmäßige Budgetüberprüfungen durchführen, um sicherzustellen, dass sie auf Kurs bleiben.

**Sicherung von Finanzierungsmöglichkeiten**
Die Sicherung von Finanzierungsmöglichkeiten ist für viele Unternehmen entscheidend. Zu den gängigen Optionen gehören:

- Bankkredite: Traditionelle Kredite mit festen Rückzahlungsbedingungen.
- Grants: Fördermittel, die oft von Regierungsbehörden oder Stiftungen angeboten werden.
- Investoren: Kapitalbeteiligungen durch Risikokapitalgeber oder Business Angels.

Jede Finanzierungsquelle hat ihre Vor- und Nachteile, die sorgfältig abgewogen werden müssen. Ein gut ausgearbeiteter Geschäftsplan und ein überzeugender Pitch sind entscheidend, um potenzielle Geldgeber zu gewinnen.

# EINE MARKE AUFBAUEN

Der Name eines Unternehmens ist eines der wichtigsten Merkmale für dessen Identität. Er ist das erste, was Kunden hören oder lesen, und oft der entscheidende Faktor dafür, ob jemand neugierig wird oder nicht. Ein guter Firmenname sollte nicht nur einzigartig sein, sondern auch positive Assoziationen hervorrufen und leicht zu merken sein. Der Prozess der Namensfindung erfordert Kreativität, Recherche und strategisches Denken.

**Ziel und Werte definieren:**
Bevor Sie mit der Namensfindung beginnen, sollten Sie genau wissen, wofür Ihr Unternehmen steht. Was ist Ihre Mission? Welche Werte möchten Sie vermitteln? Ein Name, der diese Aspekte widerspiegelt, schafft eine tiefere Verbindung zur Zielgruppe. Beispielsweise könnte ein nachhaltiges Unternehmen einen Namen wählen, der Natur und Umwelt assoziiert, wie „Grüne Perspektiven".

**Kreativität einsetzen:**
Versuchen Sie, Wörter zu kombinieren oder neue zu erfinden. Namen wie „Google" oder „Spotify" sind Beispiele für kreative Wortneuschöpfungen. Alliterationen wie „Better Business" oder „Fit & Fresh" bleiben ebenfalls leichter im Gedächtnis.

**Verfügbarkeit prüfen:**
Ein entscheidender Schritt ist die Überprüfung, ob der gewünschte Name rechtlich verfügbar ist. Suchen Sie nach bestehenden Markeneinträgen und prüfen Sie, ob die entsprechende Domain für Ihre Website verfügbar ist.

**Kulturelle und sprachliche Überlegungen:**
Wenn Sie international tätig sein möchten, stellen Sie sicher, dass der Name in anderen Sprachen keine negativen Bedeutungen hat. Beispielsweise könnte ein Name, der in Ihrer Sprache positiv klingt, in einer anderen Sprache missverständlich sein.

**Testen Sie den Namen:**
Teilen Sie eine Liste potenzieller Namen mit Freunden, Kollegen oder einer Fokusgruppe. Fragen Sie nach ihrer ersten Reaktion, Assoziationen und wie leicht sie sich den Namen merken können.

Ein durchdachter Name kann dazu beitragen, dass Ihre Marke Vertrauen, Wiedererkennbarkeit und Begeisterung bei Ihrer Zielgruppe auslöst.

**Ein Logo und Branding-Materialien gestalten**
Das Logo eines Unternehmens ist das visuelle Herzstück der Marke. Es ist oft das erste, was Kunden sehen, und prägt den ersten Eindruck Ihrer Marke. Ein professionell gestaltetes Logo trägt zur Glaubwürdigkeit und Wiedererkennbarkeit Ihrer Marke bei.

**Einprägsames Design:**
Ein gutes Logo sollte einfach und einprägsam sein. Komplexe Designs können schwer zu erkennen oder sich zu merken sein. Ein minimalistisches Design wie das von Apple oder Nike bleibt im Gedächtnis haften.

**Farben und Psychologie:**
Farben spielen eine große Rolle im Branding, da sie Emotionen und Assoziationen hervorrufen. Blau vermittelt Vertrauen und Zuverlässigkeit, während Rot Energie und Leidenschaft ausstrahlt. Wählen Sie Farben, die mit Ihrer Markenidentität übereinstimmen.

**Typografie und Schriftarten:**
Die Wahl der Schriftart ist ebenso wichtig wie das Design. Eine elegante Serifenschrift kann Tradition und Professionalität vermitteln, während eine moderne serifenlose Schrift Jugendlichkeit und Innovation ausstrahlt.

**Flexibilität:**
Ihr Logo sollte in verschiedenen Formaten und Größen gut aussehen. Es sollte auf Visitenkarten, Plakaten und digitalen Plattformen gleichermaßen erkennbar und professionell wirken.

**Zusätzliche Branding-Materialien:**

Neben dem Logo benötigen Sie weitere Branding-Elemente wie Farbschemata, Visitenkarten, Briefköpfe und Verpackungsdesigns. Diese Elemente sollten einheitlich gestaltet sein, um Ihre Marke konsistent zu präsentieren.

Ein durchdachtes Branding schafft Vertrauen und stärkt die Beziehung zu Ihren Kunden.

**Eine Online-Präsenz aufbauen**
Eine starke Online-Präsenz ist heute unerlässlich, um in der digitalen Welt erfolgreich zu sein. Ihre Online-Präsenz ist die Brücke zwischen Ihrer Marke und Ihren Kunden, unabhängig von deren Standort.

**SEO optimierte Inhalte:**
Ihre Website und Ihre Inhalte sollten für Suchmaschinen optimiert sein, damit potenzielle Kunden Sie leicht finden können. Schlüsselwörter, Meta-Beschreibungen und hochwertige Inhalte sind dabei entscheidend.

**Social Media Strategie:**
Social Media ist ein mächtiges Werkzeug, um mit Ihrer Zielgruppe zu kommunizieren. Wählen Sie Plattformen, die Ihre Zielgruppe nutzt, und erstellen Sie regelmäßig Inhalte, die deren Interessen ansprechen.

**Interaktive Inhalte:**
Blogbeiträge, Videos und interaktive Inhalte wie Umfragen oder Quizze können das Engagement erhöhen und die Verweildauer auf Ihrer Website steigern.

**Reputation und Bewertungen:**
Positive Kundenbewertungen und Testimonials auf Plattformen wie Google oder Yelp sind entscheidend, um Vertrauen aufzubauen. Bitten Sie zufriedene Kunden aktiv um Bewertungen.

Eine gut durchdachte Online-Präsenz ist der Schlüssel, um im Wettbewerb herauszustechen und potenzielle Kunden zu gewinnen.

**Eine Website erstellen**
Ihre Website ist das digitale Zuhause Ihrer Marke. Sie ist oft der erste Kontaktpunkt für potenzielle Kunden und sollte daher professionell gestaltet sein.

**Struktur und Navigation:**
Eine klare und intuitive Navigation hilft den Nutzern, die gewünschten Informationen schnell zu finden. Kategorien und Menüs sollten logisch strukturiert sein.

**Design und Ästhetik:**
Das Design Ihrer Website sollte Ihre Marke widerspiegeln. Farben, Schriftarten und Bilder sollten aufeinander abgestimmt sein und ein professionelles Bild vermitteln.

**Technische Aspekte:**
Eine schnelle Ladezeit und mobile Optimierung sind entscheidend. Die meisten Nutzer verlassen eine Website, die länger als drei Sekunden zum Laden benötigt.

**Inhalte und Mehrwert:**
Hochwertige Inhalte, die relevante Informationen bieten, sind entscheidend. Ein Blog, der Tipps oder Branchennachrichten bietet, kann Ihre Website zusätzlich bereichern.

Eine gut gestaltete Website ist ein mächtiges Werkzeug, um Ihre Marke zu stärken und Kunden zu gewinnen.

**Social-Media-Plattformen**
Social Media ist eine der effektivsten Methoden, um mit Ihrer Zielgruppe in Kontakt zu treten und Ihre Marke zu bewerben.

**Zielgruppenanalyse:**
Verstehen Sie, welche Plattformen Ihre Zielgruppe nutzt, und passen Sie Ihre Inhalte entsprechend an. Instagram eignet sich für visuelle Inhalte, während LinkedIn ideal für B2B-Netzwerke ist.

**Konsistenz und Planung:**

Posten Sie regelmäßig und erstellen Sie einen Content-Kalender. Konsistenz ist der Schlüssel, um Ihre Follower zu binden.

**Engagement fördern:**
Antworten Sie auf Kommentare, starten Sie Umfragen oder stellen Sie Fragen, um die Interaktion zu fördern. Je mehr Engagement Ihre Beiträge erhalten, desto mehr Reichweite erzielen Sie.

**Werbung und Analytics:**
Nutzen Sie Social-Media-Anzeigen, um gezielt neue Kunden zu erreichen, und analysieren Sie Ihre Ergebnisse, um Ihre Strategie kontinuierlich zu verbessern.

Social Media ermöglicht es Ihnen, Ihre Marke authentisch und nahbar zu präsentieren.

### Online-Marketing-Strategien
Online-Marketing ist der Schlüssel, um Ihre Marke effektiv zu bewerben und Ihre Reichweite zu vergrößern.

**Content-Marketing:**
Erstellen Sie hochwertige Inhalte wie Blogartikel, Videos oder Infografiken, die Ihrer Zielgruppe einen Mehrwert bieten und sie dazu ermutigen, Ihre Marke zu unterstützen.

**Suchmaschinenmarketing (SEM):**
Nutzen Sie bezahlte Suchanzeigen, um Ihre Sichtbarkeit zu erhöhen. Plattformen wie Google Ads bieten detaillierte Targeting-Optionen, um die richtigen Kunden zu erreichen.

**E-Mail-Marketing:**
Personalisierte E-Mails sind eine effektive Methode, um Kundenbeziehungen zu stärken. Versenden Sie regelmäßige Newsletter mit exklusiven Angeboten oder relevanten Neuigkeiten.

**Influencer-Marketing:**
Arbeiten Sie mit Influencern zusammen, die in Ihrer Branche aktiv sind. Sie können Ihre Marke authentisch präsentieren und eine größere Zielgruppe erreichen.

**Analytics und Optimierung:**
Überwachen Sie Ihre Marketingkampagnen kontinuierlich. Nutzen Sie Tools wie Google Analytics, um herauszufinden, welche Strategien funktionieren, und passen Sie Ihre Ansätze entsprechend an.

Mit einer gut durchdachten Online-Marketing-Strategie können Sie langfristig Ihre Zielgruppe erreichen und Ihren Umsatz steigern.

# Entwicklung Ihres Produkts oder Ihrer Dienstleistung

Die Definition der eigenen Produkte oder Dienstleistungen ist ein essenzieller Schritt bei der Unternehmensgründung. Ohne ein klares Verständnis dessen, was Sie anbieten möchten, ist es schwierig, eine überzeugende Marke aufzubauen oder Ihre Zielgruppe anzusprechen.

**Zielgruppe analysieren:**
Beginnen Sie mit einer gründlichen Marktanalyse, um Ihre Zielgruppe zu definieren. Wer sind Ihre Kunden? Was sind ihre Bedürfnisse, Wünsche und Probleme? Eine klare Vorstellung Ihrer Zielgruppe hilft Ihnen, Angebote zu entwickeln, die genau auf diese abgestimmt sind.

**Einzigartiger Verkaufsvorteil (USP):**
Ihr Angebot sollte sich von der Konkurrenz abheben. Überlegen Sie, welchen Mehrwert Sie bieten können. Fragen wie „Warum sollten Kunden mein Produkt kaufen?" oder „Wie löst mein Angebot ein Problem besser als bestehende Lösungen?" helfen, den USP herauszuarbeiten.

**Produkt- oder Dienstleistungstyp:**
Entscheiden Sie, ob Sie physische Produkte, digitale Güter, Dienstleistungen oder eine Kombination aus diesen anbieten möchten. Jede Kategorie hat ihre eigenen Anforderungen und Möglichkeiten.

**Kern- und Zusatzleistungen:**
Definieren Sie, was Ihr Basisangebot ist und welche optionalen Zusatzleistungen oder Funktionen Kunden hinzu buchen können. Zum Beispiel könnte ein Fotograf Fotoshootings als Hauptdienstleistung anbieten und zusätzliche Bearbeitungen oder Prints als Extra.

**Skalierbarkeit und Anpassungsfähigkeit:**

Denken Sie von Anfang an an die zukünftige Skalierbarkeit Ihrer Angebote. Können Ihre Produkte oder Dienstleistungen erweitert oder angepasst werden, wenn die Nachfrage wächst?

Eine klare Definition Ihrer Angebote ist nicht nur der Schlüssel zur Kundengewinnung, sondern auch zur Optimierung Ihrer internen Prozesse.

**Prototyping und Testing**
Die Entwicklung eines Prototyps und das Testen Ihres Produkts oder Ihrer Dienstleistung ist ein entscheidender Prozessschritt, um die Qualität zu gewährleisten und Fehler frühzeitig zu erkennen. Dieser Schritt stellt sicher, dass Ihr Angebot die Erwartungen der Kunden erfüllt oder übertrifft.

**Prototyping:**
Ein Prototyp ist eine erste, funktionsfähige Version Ihres Produkts oder Ihrer Dienstleistung. Ziel ist es, eine greifbare Form Ihrer Idee zu schaffen. Es gibt verschiedene Arten von Prototypen, von einfachen Skizzen und Modellen bis hin zu voll funktionsfähigen Versionen.

- Low-Fidelity-Prototypen: Skizzen, Papiermodelle oder einfache 3D-Modelle. Diese sind ideal, um Ideen schnell zu visualisieren.
- High-Fidelity-Prototypen: Funktionale Modelle, die dem Endprodukt ähneln. Sie sind geeignet, um Funktionen und Design zu testen.

**Benutzertests durchführen:**
Laden Sie potenzielle Kunden ein, den Prototyp zu testen, und beobachten Sie ihr Verhalten. Fragen Sie gezielt nach Feedback, z. B. „Was gefällt Ihnen an der Funktionalität?" oder „Gibt es etwas, das Sie stört?".

**Iterationen vornehmen:**
Das Feedback aus den Tests sollte genutzt werden, um den Prototyp zu überarbeiten. Der Prozess kann mehrmals wiederholt werden, bis ein zufriedenstellendes Ergebnis erreicht ist.

**Markttests durchführen:**
Vor der endgültigen Markteinführung können Sie kleinere Tests, z. B. in Form von Pilotprojekten, durchführen. So erhalten Sie wertvolle Einblicke in die tatsächliche Marktresonanz.

**Technische und rechtliche Tests:**
Stellen Sie sicher, dass Ihr Produkt alle gesetzlichen Anforderungen erfüllt und die Qualitätsstandards eingehalten werden. Dies gilt insbesondere für physische Produkte, die sicherheitsrelevante Aspekte berücksichtigen müssen.

Prototyping und Testing ermöglichen es, Ihr Angebot zu perfektionieren und die Erfolgschancen bei der Markteinführung zu maximieren.

**Preisstrategien**
Die richtige Preisstrategie ist ein entscheidender Faktor für den Erfolg Ihres Unternehmens. Der Preis eines Produkts oder einer Dienstleistung beeinflusst nicht nur Ihre Einnahmen, sondern auch die Wahrnehmung Ihrer Marke.

**Kostenbasierte Preisgestaltung:**
Berechnen Sie Ihre Produktions- oder Bereitstellungskosten und schlagen Sie eine Gewinnmarge auf. Diese Methode stellt sicher, dass Sie Ihre Kosten decken, ist jedoch weniger flexibel bei der Anpassung an den Markt.

**Wettbewerbsbasierte Preisgestaltung:**
Vergleichen Sie Ihre Preise mit denen der Konkurrenz. Sie können Ihre Produkte oder Dienstleistungen günstiger, gleichwertig oder teurer positionieren, je nach Ihrer Positionierung auf dem Markt.

**Wertbasierte Preisgestaltung:**
Diese Methode orientiert sich am wahrgenommenen Wert Ihres Angebots für den Kunden. Kunden sind oft bereit, mehr zu zahlen, wenn sie den Eindruck haben, ein einzigartiges oder besonders hochwertiges Produkt zu erwerben.

**Dynamische Preisgestaltung:**
Diese Strategie erlaubt es, Preise flexibel an Marktbedingungen, Saison oder Nachfrage anzupassen. Beispiele hierfür sind Rabatte während der Nebensaison oder höhere Preise bei hoher Nachfrage.

**Psychologische Preisstrategien:**
Preise wie 19,99 € statt 20,00 € wirken attraktiver, da sie als günstiger wahrgenommen werden. Nutzen Sie diese psychologischen Tricks, um Ihre Produkte oder Dienstleistungen ansprechender zu gestalten.

**Zusatzangebote und Pakete:**
Bieten Sie Kombinationen oder Bundles an, um den wahrgenommenen Wert zu steigern. Zum Beispiel könnte ein Softwareunternehmen ein Jahresabonnement mit einem Rabatt anbieten, das zusätzlich exklusive Funktionen enthält.

Eine gut durchdachte Preisstrategie trägt dazu bei, ein Gleichgewicht zwischen Rentabilität und Kundenattraktivität zu finden.

**Verpackung und Präsentation**
Die Verpackung und Präsentation eines Produkts oder einer Dienstleistung spielen eine entscheidende Rolle bei der Kundengewinnung. Sie sind oft der erste Eindruck, den ein Kunde erhält, und können maßgeblich beeinflussen, ob ein Produkt als hochwertig wahrgenommen wird.

**Ästhetik und Design:**
Das Design Ihrer Verpackung sollte auffällig und ansprechend sein. Farben, Schriftarten und Grafiken sollten mit Ihrer Markenidentität übereinstimmen. Ein minimalistisches Design kann z. B. Eleganz und Premium-Qualität vermitteln, während lebendige Farben und verspielte Elemente Energie und Kreativität ausdrücken.

**Funktionalität:**
Neben der Optik sollte die Verpackung auch praktisch sein. Kunden schätzen es, wenn die Verpackung einfach zu öffnen,

wiederverwendbar oder umweltfreundlich ist. Funktionalität schafft ein positives Benutzererlebnis.

**Nachhaltigkeit:**
Immer mehr Kunden achten auf umweltfreundliche Verpackungen. Verwenden Sie recycelbare Materialien oder biologisch abbaubare Optionen, um ökologische Verantwortung zu zeigen.

**Storytelling durch Verpackung:**
Nutzen Sie die Verpackung, um Ihre Markengeschichte zu erzählen. Ein kleiner Text oder eine Illustration kann dem Kunden Einblicke in die Werte und die Philosophie Ihrer Marke geben.

**Präsentation von Dienstleistungen:**
Auch Dienstleistungen können „verpackt" werden, z. B. durch attraktive Präsentationsmappen, stilvolle E-Mail-Kommunikation oder durch die Gestaltung der Räumlichkeiten, in denen die Dienstleistung angeboten wird.

**Testing und Feedback:**
Bevor Sie Ihre Verpackung finalisieren, holen Sie Feedback von potenziellen Kunden ein. Fragen Sie, ob die Verpackung ihre Erwartungen erfüllt und wie sie verbessert werden könnte.

Eine durchdachte Verpackung und Präsentation hebt Ihr Angebot von der Konkurrenz ab und trägt dazu bei, langfristige Kundenbindungen aufzubauen.

# ERSTELLUNG EINES LAUNCH-PLANS

Ein gründlicher und detaillierter Launch-Plan ist entscheidend, um sicherzustellen, dass Ihr Unternehmensstart reibungslos verläuft und Ihre Zielgruppe effizient erreicht wird. Ein solcher Plan gibt Ihnen eine klare Struktur und hilft, unerwartete Herausforderungen zu minimieren.

**Klarheit über Ihre Ziele:**
Beginnen Sie mit der Definition Ihrer Launch-Ziele. Diese sollten spezifisch, messbar, erreichbar, realistisch und zeitgebunden (SMART) sein. Beispiele könnten sein: „Erreichen von 1.000 Besuchern auf der Website innerhalb der ersten Woche" oder „50 Verkäufe in den ersten zwei Tagen". Solche Ziele geben Ihnen eine klare Richtung und einen Benchmark für den Erfolg.

**Zeitplan mit Meilensteinen erstellen:**
Entwickeln Sie einen detaillierten Zeitplan, der alle wesentlichen Schritte enthält, wie z. B. die Erstellung von Marketingmaterialien, den Aufbau Ihrer Website, die Vorbereitung von Social-Media-Kampagnen und die Organisation eines Launch-Events. Fügen Sie Pufferzeiten hinzu, um unvorhergesehene Verzögerungen zu berücksichtigen.

**Budgetplanung:**
Legen Sie ein realistisches Budget für Ihren Launch fest. Berücksichtigen Sie alle Kosten, einschließlich Marketing, Eventplanung, Logistik und Produktentwicklung. Achten Sie darauf, Rücklagen für unvorhergesehene Ausgaben einzuplanen.

**Zielgruppenanalyse:**
Eine genaue Kenntnis Ihrer Zielgruppe ist entscheidend. Analysieren Sie ihre Vorlieben, Bedürfnisse und Kommunikationsgewohnheiten. Diese Informationen sollten die Grundlage für Ihre Launch-Strategien bilden.

**Kommunikationsplan entwickeln:**

Entscheiden Sie, welche Botschaften Sie vermitteln möchten und wie Sie diese kommunizieren. Ihr Kommunikationsplan sollte auf verschiedenen Kanälen wie Social Media, E-Mail-Marketing und PR-Kampagnen abgestimmt sein.

**Notfallplanung:**
Identifizieren Sie potenzielle Risiken und entwickeln Sie Strategien zur Risikominderung. Beispielsweise könnten technische Probleme Ihre Website beeinträchtigen oder Lieferverzögerungen auftreten. Ein gut durchdachter Notfallplan schützt Sie vor größeren Rückschlägen.

Ein gut strukturierter Launch-Plan ist die Grundlage für einen erfolgreichen Start und hilft Ihnen, Stress zu minimieren, während Sie sich auf Ihre Kernziele konzentrieren.

**Hype und Vorfreude aufbauen**
Das Aufbauen von Hype und Vorfreude vor dem offiziellen Launch ist entscheidend, um Aufmerksamkeit zu generieren und eine emotionale Verbindung mit Ihrer Zielgruppe herzustellen.

**Storytelling nutzen:**
Erzählen Sie die Geschichte hinter Ihrer Marke, Ihrem Produkt oder Ihrer Dienstleistung. Warum haben Sie dieses Unternehmen gegründet? Welche Probleme möchten Sie lösen? Authentische Geschichten ziehen Menschen an und schaffen eine emotionale Bindung.

**Teaser-Kampagnen:**
Veröffentlichen Sie regelmäßig Teaser-Inhalte, wie z. B. kurze Videos, mysteriöse Social-Media-Posts oder Countdown-Timer auf Ihrer Website. Diese Inhalte wecken Neugier und sorgen dafür, dass Ihre Zielgruppe gespannt auf den Launch wartet.

**Exklusivität betonen:**
Bieten Sie einer ausgewählten Gruppe von Personen (z. B. Newsletter-Abonnenten) exklusive Einblicke oder Vorabzugang zu Ihrem Produkt an. Dies vermittelt ein Gefühl von Privileg und Exklusivität.

**Kooperationen mit Influencern und Marken:**
Arbeiten Sie mit Influencern zusammen, die Ihre Zielgruppe repräsentieren. Lassen Sie sie Ihr Produkt testen und ihre Erfahrungen teilen. Kooperationen mit komplementären Marken können Ihre Reichweite zusätzlich erhöhen.

**Social Media Engagement:**
Interagieren Sie aktiv mit Ihrer Community. Beantworten Sie Fragen, starten Sie Umfragen oder organisieren Sie Gewinnspiele. Je aktiver Ihre Community eingebunden ist, desto größer wird die Vorfreude.

**Visuelle Elemente nutzen:**
Investieren Sie in hochwertige Grafiken, Animationen und Videos, die Ihr Produkt ansprechend präsentieren. Visuelle Inhalte haben eine höhere Chance, in den sozialen Medien geteilt zu werden.

**Frühbucher- und Vorbestellerangebote:**
Bieten Sie begrenzte Angebote für Vorbesteller an. Dies kann ein Rabatt, ein kostenloses Geschenk oder ein exklusives Feature sein. Solche Angebote schaffen Dringlichkeit und animieren Kunden, frühzeitig zuzuschlagen.

Das geschickte Aufbauen von Hype sichert Ihnen eine engagierte Zielgruppe und sorgt für einen starken Start Ihrer Marke.

**Veranstaltung eines Launch-Events**
Ein Launch-Event ist eine effektive Möglichkeit, Ihre Marke auf beeindruckende Weise vorzustellen und einen nachhaltigen Eindruck zu hinterlassen. Es bietet Ihnen die Chance, direkt mit Kunden, Partnern und der Presse in Kontakt zu treten.

**Art des Events bestimmen:**
Entscheiden Sie, ob Sie ein physisches Event, ein Online-Event oder eine hybride Version durchführen möchten. Physische Events bieten eine persönlichere Atmosphäre, während Online-Events ein breiteres Publikum erreichen können.

**Location und Design:**
Wählen Sie eine Location, die Ihre Marke widerspiegelt. Für ein nachhaltiges Produkt könnte ein Veranstaltungsort im Freien geeignet sein, während ein modernes Produkt in einem Loft oder einem Technologiezentrum besser zur Geltung kommt.

**Agenda planen:**
Erstellen Sie einen detaillierten Zeitplan mit verschiedenen Programmpunkten wie Produktvorführungen, Keynotes, Kundenberichten und Networking-Zeiten. Sorgen Sie für einen fließenden Ablauf ohne Leerlaufzeiten.

**Interaktive Elemente einbauen:**
Lassen Sie die Gäste Ihr Produkt ausprobieren oder interaktive Stationen nutzen. Live-Demonstrationen und Feedback-Sessions fördern die direkte Beteiligung der Teilnehmer.

**Medien und PR:**
Laden Sie Journalisten, Blogger und Influencer ein. Stellen Sie sicher, dass sie Zugang zu exklusiven Inhalten, Pressepaketen und Interviews haben.

**Nachhaltigkeit und Verantwortung:**
Verwenden Sie umweltfreundliche Materialien und achten Sie darauf, Ressourcen sparsam einzusetzen. Dies stärkt das Vertrauen Ihrer Marke bei umweltbewussten Zielgruppen.

Ein gelungenes Launch-Event bleibt lange in Erinnerung und ist ein Meilenstein für den Erfolg Ihrer Marke.

**Überwachung des ersten Feedbacks**
Die Analyse des ersten Feedbacks ist entscheidend, um Schwachstellen zu identifizieren und Optimierungen vorzunehmen.

**Kanäle für Feedback schaffen:**
Ermöglichen Sie Kunden, ihre Meinungen auf verschiedenen Plattformen wie Social Media, Bewertungsportalen und per E-Mail zu teilen.

**Analytische Tools einsetzen:**
Nutzen Sie Tools wie Google Analytics oder Social Media Insights, um quantitative Daten wie Website-Besuche, Conversions und Reichweite zu messen.

**Kundenstimmen aktiv einholen:**
Fragen Sie Kunden direkt nach ihrer Meinung, z. B. durch Umfragen oder kurze Interviews.

**Positives Feedback hervorheben:**
Teilen Sie Erfolgsgeschichten und positive Bewertungen auf Ihren Kanälen, um das Vertrauen neuer Kunden zu gewinnen.

**Negatives Feedback analysieren:**
Identifizieren Sie wiederkehrende Probleme und entwickeln Sie Maßnahmen, um diese zu lösen.

Die systematische Erfassung und Nutzung von Feedback ist essenziell, um die langfristige Zufriedenheit Ihrer Kunden sicherzustellen.

# Tägliche Geschäftsabläufe verwalten

Die Verwaltung der täglichen Geschäftsabläufe ist das Fundament eines erfolgreichen Unternehmens. Sie umfasst alle Aktivitäten, die notwendig sind, um den Betrieb reibungslos, effizient und profitabel zu halten. Hier sind die einzelnen Aspekte detailliert beschrieben:

**1. Systematisierung von Arbeitsabläufen**
- Prozesse dokumentieren: Jeder Aspekt des Geschäfts sollte in klaren, schriftlichen Anweisungen dokumentiert werden. Dies erleichtert die Einarbeitung neuer Mitarbeiter und stellt sicher, dass alle Aufgaben einheitlich ausgeführt werden.
- Automatisierung: Investieren Sie in Tools, die Routineaufgaben automatisieren, z. B. Buchhaltungssoftware oder CRM-Systeme.
- Kontinuierliche Verbesserung: Regelmäßige Überprüfungen und Optimierungen von Prozessen stellen sicher, dass das Unternehmen wettbewerbsfähig bleibt.

**2. Finanzmanagement**
- Tägliche Finanzüberwachung: Kontrollieren Sie Einnahmen, Ausgaben und Kontostände täglich. Nutzen Sie Finanzsoftware wie QuickBooks oder Xero, um Fehler zu minimieren.
- Kostenmanagement: Suchen Sie kontinuierlich nach Wegen, Kosten zu senken, ohne die Qualität zu beeinträchtigen.

**3. Zeitmanagement**
Tagespläne erstellen: Strukturierte Zeitpläne für jeden Tag helfen, Prioritäten zu setzen und Deadlines einzuhalten.
Pufferzeiten einplanen: Lassen Sie Raum für unvorhergesehene Ereignisse.

**4. Mitarbeitermanagement**
- Regelmäßige Meetings: Tägliche oder wöchentliche Team-Updates halten alle auf dem gleichen Stand.

- Feedback-Kultur: Fördern Sie eine offene Kommunikation, damit Mitarbeiter Bedenken äußern und Verbesserungsvorschläge einbringen können.

**5. Kundenservice**
- Reaktionsfähigkeit: Kundenanfragen sollten schnell und professionell beantwortet werden.
- Qualitätskontrolle: Regelmäßige Bewertungen der Kundenerfahrung helfen, Verbesserungsbedarf zu erkennen.

Mitarbeiter einstellen und ein Team aufbauen (Hiring Employees and Building a Team)

Der Aufbau eines starken Teams ist essenziell für das Wachstum eines Unternehmens. Dies umfasst den Rekrutierungsprozess, Onboarding, Weiterentwicklung und Teambindung.

**1. Stellenprofile erstellen**
- Detaillierte Anforderungen: Definieren Sie klar, welche Fähigkeiten, Erfahrungen und Eigenschaften für die Position erforderlich sind.
- Rollenerwartungen: Kommunizieren Sie klar, was von den Kandidaten erwartet wird, einschließlich Verantwortlichkeiten und Zielvorgaben.

**2. Rekrutierung**
- Vielfältige Kanäle: Nutzen Sie Jobportale, soziale Netzwerke, Karrieremessen und Mitarbeiterempfehlungen, um Talente zu finden.
- Auswahlprozess: Führen Sie strukturierte Interviews durch, um sowohl die fachliche als auch die kulturelle Eignung zu beurteilen.

**3. Onboarding**
- Effektive Einführung: Neue Mitarbeiter sollten gründlich in die Unternehmenskultur, Ziele und Prozesse eingeführt werden.
- Mentor-Programme: Weisen Sie neuen Mitarbeitern erfahrene Kollegen zu, die als Ansprechpartner fungieren.

## 4. Teamentwicklung
- Fortbildung: Regelmäßige Schulungen und Workshops fördern die Weiterentwicklung der Mitarbeiter.
- Motivation: Schaffen Sie ein Arbeitsumfeld, das Kreativität und Engagement fördert, z. B. durch Anerkennung und Belohnung.

Zeit und Ressourcen verwalten (Managing Time and Resources)
Effizientes Zeit- und Ressourcenmanagement maximiert die Produktivität und reduziert unnötige Verschwendung.

## 1. Zeitmanagement-Techniken
- Priorisierung: Aufgaben sollten nach Dringlichkeit und Wichtigkeit priorisiert werden (z. B. mit der Eisenhower-Matrix).
- Zeitblöcke: Dedizieren Sie spezifische Zeiträume für wichtige Aufgaben, um Ablenkungen zu minimieren.

## 2. Ressourcenoptimierung
- Bestandsmanagement: Überwachen Sie regelmäßig Ihren Bestand, um Engpässe oder Überschüsse zu vermeiden.
- Effizienzsteigerung: Analysieren Sie Arbeitsabläufe, um Ressourcenverschwendung zu identifizieren und zu eliminieren.

## 3. Delegation
- Vertrauen: Übertragen Sie Verantwortung an Mitarbeiter, um Ihre eigenen Kapazitäten zu erweitern.
- Klarheit: Stellen Sie sicher, dass Aufgaben klar delegiert und Erwartungen kommuniziert werden.

Geschäftsleistung überwachen (Monitoring Business Performance)
Die regelmäßige Überprüfung der Unternehmensleistung hilft, Schwächen zu erkennen und Maßnahmen zur Verbesserung zu ergreifen.

## 1. Messbare Ziele setzen

- KPIs (Key Performance Indicators): Identifizieren Sie Metriken, die den Erfolg Ihres Unternehmens messen, z. B. Umsatz, Kundenbindung oder Produktionskosten.
- Regelmäßige Überprüfung: Führen Sie wöchentliche oder monatliche Analysen durch, um Fortschritte zu messen.

## 2. Datenanalyse
- Technologie nutzen: Tools wie Google Analytics oder Tableau liefern wertvolle Einblicke in Geschäftsprozesse.
- Berichterstattung: Erstellen Sie regelmäßige Berichte, um Trends zu erkennen und fundierte Entscheidungen zu treffen.

## 3. Kundenfeedback
- Umfragen: Bitten Sie Kunden regelmäßig um Feedback, um die Kundenzufriedenheit zu messen und Verbesserungen vorzunehmen.
- Reaktionen: Implementieren Sie Maßnahmen basierend auf den Rückmeldungen.

Anpassung an Herausforderungen (Adapting to Challenges)
Flexibilität und Kreativität sind entscheidend, um in einer sich ständig verändernden Geschäftsumgebung erfolgreich zu bleiben.

## 1. Risikomanagement
Vorausschauende Planung: Identifizieren Sie potenzielle Risiken und erstellen Sie Strategien zur Minimierung.
Notfallpläne: Entwickeln Sie Backup-Pläne für unerwartete Probleme.

## 2. Flexibilität bewahren
Agiles Denken: Reagieren Sie schnell auf Marktveränderungen, indem Sie Ihre Strategien und Prozesse anpassen.
Offenheit: Fördern Sie eine Kultur, die Veränderungen als Chancen betrachtet.

## 3. Innovationsförderung
Kreative Problemlösungen: Ermutigen Sie Ihr Team, neue Ansätze und Lösungen für Herausforderungen zu entwickeln.

Experimentieren: Testen Sie neue Ideen in kleinem Maßstab, bevor Sie größere Veränderungen vornehmen.

Diese detaillierte Herangehensweise an die fünf genannten Themen sorgt dafür, dass Ihr Unternehmen nicht nur effizient geführt wird, sondern auch flexibel genug ist, um Herausforderungen zu meistern und langfristig erfolgreich zu sein.

# KAPITEL 6:

## IHR UNTERNEHMEN SKALIEREN UND WACHSEN LASSEN

Das Wachstum und die Skalierung eines Unternehmens erfordern strategische Planung, innovative Ansätze und gezielte Maßnahmen. Nachfolgend finden Sie detaillierte Informationen zu den wichtigsten Aspekten, die beim Ausbau Ihres Unternehmens zu beachten sind.

### Wachstumsmöglichkeiten identifizieren (Identifying Growth Opportunities)

Die Identifikation von Wachstumsmöglichkeiten ist der erste Schritt, um Ihr Unternehmen auf die nächste Stufe zu heben. Es geht darum, neue Chancen zu entdecken, die Ihrem Geschäft ermöglichen, sich weiterzuentwickeln und zu expandieren.

**1. Marktanalysen durchführen**
- Kundenbedürfnisse analysieren: Führen Sie Umfragen, Interviews oder Fokusgruppen durch, um die sich verändernden Bedürfnisse und Erwartungen Ihrer Zielgruppe zu verstehen.
- Konkurrenzanalyse: Untersuchen Sie Ihre Mitbewerber, um herauszufinden, welche Trends und Innovationen in Ihrer Branche erfolgreich sind.
- Branchentrends erkennen: Halten Sie sich über technologische Fortschritte und Marktveränderungen auf dem Laufenden.

**2. Kundenbindung und -gewinnung**
- Kundendaten nutzen: Analysieren Sie Ihre bestehenden Kundenbeziehungen, um Upselling- oder Cross-Selling-Möglichkeiten zu identifizieren.

- Neue Zielgruppen: Suchen Sie nach unerschlossenen Märkten oder Nischen, die Ihr Unternehmen adressieren könnte.

### 3. Netzwerke und Partnerschaften
- Strategische Allianzen: Arbeiten Sie mit anderen Unternehmen zusammen, um Ressourcen, Kundenstämme oder technologische Expertise zu teilen.
- Investoren gewinnen: Ziehen Sie Kapital von Investoren oder Risikokapitalgebern in Betracht, um Wachstumsinitiativen zu finanzieren.

### 4. Internes Wachstum fördern
- Mitarbeiter entwickeln: Investieren Sie in die Weiterbildung Ihres Teams, um deren Fähigkeiten an die Anforderungen des Wachstums anzupassen.
- Prozessoptimierung: Skalieren Sie Ihre Betriebsabläufe, um größere Aufträge oder Kundenvolumen effizient zu bewältigen.
- Erweiterung Ihrer Produktlinie oder Dienstleistungen (Expanding Your Product Line or Services)

Die Einführung neuer Produkte oder Dienstleistungen ist eine bewährte Methode, um Marktanteile zu erhöhen und den Umsatz zu steigern.

### 1. Marktforschung
Bedarfsanalyse: Untersuchen Sie, welche zusätzlichen Produkte oder Dienstleistungen von Ihren Kunden gewünscht werden.
Wettbewerbsanalyse: Verstehen Sie, welche Lücken in den Angeboten Ihrer Mitbewerber bestehen und wie Sie diese füllen können.

### 2. Entwicklung neuer Angebote
Innovative Ideen: Arbeiten Sie mit Ihrem Team an kreativen Lösungen, die Ihre bestehenden Angebote ergänzen oder erweitern.
Prototypen und Tests: Erstellen Sie Prototypen und führen Sie Testläufe durch, um sicherzustellen, dass das neue Produkt oder die Dienstleistung den Erwartungen entspricht.

## 3. Marketingstrategien

Soft-Launch: Starten Sie neue Produkte zunächst in einem begrenzten Markt, um Feedback zu sammeln und Verbesserungen vorzunehmen.

Cross-Selling: Bieten Sie Ihre neuen Produkte oder Dienstleistungen in Kombination mit bestehenden Angeboten an, um Synergien zu nutzen.

## 4. Kundenerlebnis optimieren

Einheitliches Branding: Stellen Sie sicher, dass neue Angebote nahtlos in Ihre bestehende Markenstrategie integriert sind.

Kundensupport: Entwickeln Sie Schulungsmaterialien und Support-Services für neue Produkte oder Dienstleistungen.

Erschließung neuer Märkte (Entering New Markets)
Das Betreten neuer Märkte kann Ihr Unternehmen vor völlig neue Herausforderungen und Chancen stellen.

## 1. Marktanalyse

Internationale Märkte: Prüfen Sie, ob Ihre Produkte oder Dienstleistungen auf globalen Märkten gefragt sind.

Demografie und Kultur: Verstehen Sie die kulturellen und wirtschaftlichen Unterschiede in potenziellen neuen Märkten.

## 2. Strategische Planung

Markteintrittsstrategien: Überlegen Sie, ob Sie einen Direktvertrieb, lokale Partnerschaften oder Franchise-Modelle nutzen möchten.

Regulatorische Anforderungen: Recherchieren Sie gesetzliche und steuerliche Vorschriften im Zielmarkt.

## 3. Anpassung an lokale Bedürfnisse

Produktanpassung: Modifizieren Sie Ihre Produkte, um lokale Vorlieben und Anforderungen zu erfüllen.

Marketinglokalisierung: Übersetzen Sie Marketingmaterialien und passen Sie Botschaften an die kulturellen Gegebenheiten an.

## 4. Risikomanagement

- Pilotprogramme: Testen Sie Ihre Strategien in einem kleinen Rahmen, bevor Sie größere Investitionen tätigen.
- Flexibilität: Seien Sie bereit, Ihre Ansätze basierend auf lokalen Rückmeldungen anzupassen.

Technologie für Wachstum nutzen (Leveraging Technology for Growth)
Technologische Innovationen können Wachstum erheblich beschleunigen und neue Möglichkeiten eröffnen.

**1. Digitalisierung**
- Automatisierung: Nutzen Sie Technologien wie Robotic Process Automation (RPA), um Routineaufgaben zu optimieren.
- Datenanalyse: Implementieren Sie Tools wie BI-Software (z. B. Tableau oder Power BI), um datengetriebene Entscheidungen zu treffen.

**2. E-Commerce**
Online-Shops: Entwickeln Sie eine benutzerfreundliche E-Commerce-Plattform, um den Umsatz zu steigern.
Omnichannel-Strategien: Bieten Sie eine nahtlose Integration zwischen Online- und Offline-Kanälen.

**3. Kundenerlebnis verbessern**
KI-gestützte Lösungen: Implementieren Sie Chatbots oder Sprachassistenten, um den Kundenservice zu verbessern.
Personalisierung: Nutzen Sie Algorithmen, um personalisierte Angebote und Produktempfehlungen zu erstellen.

**4. Innovationsförderung**
Forschung und Entwicklung: Investieren Sie in neue Technologien, die Ihnen einen Wettbewerbsvorteil verschaffen.
Netzwerke: Arbeiten Sie mit Technologieunternehmen oder Start-ups zusammen, um Synergien zu nutzen.

Diese detaillierte Herangehensweise an die Skalierung und das Wachstum Ihres Unternehmens stellt sicher, dass Sie strategisch, innovativ und nachhaltig expandieren können.

# STARK BLEIBEN ALS UNTERNEHMER

Im Unternehmertum sind Rückschläge unvermeidlich, und ihre Bewältigung entscheidet oft über den langfristigen Erfolg. Scheitern sollte nicht als persönliches Versagen, sondern als Möglichkeit zur Weiterentwicklung betrachtet werden. Erfolgreiche Unternehmer wie Steve Jobs oder Elon Musk haben zahlreiche Herausforderungen gemeistert, bevor sie Meilensteine erreichten.

Zunächst ist es essenziell, sich selbst Fehler einzugestehen und diese zu analysieren. Dabei sollten nicht nur offensichtliche, sondern auch zugrunde liegende Probleme identifiziert werden. Gab es Lücken in der Planung? Wurden Risiken nicht richtig eingeschätzt? Eine detaillierte Untersuchung gibt Aufschluss darüber, welche Maßnahmen für die Zukunft notwendig sind.

Ein praktischer Ansatz ist die Erstellung eines Plans, der konkrete Schritte zur Problemlösung aufzeigt. Unternehmer sollten flexibel bleiben und bereit sein, neue Strategien zu testen. Es ist auch hilfreich, externe Unterstützung hinzuzuziehen – sei es durch einen Coach, einen Berater oder durch Austausch mit Kollegen, die ähnliche Herausforderungen erlebt haben.

Mentale Stärke spielt eine zentrale Rolle. Resilienz bedeutet, trotz Rückschlägen motiviert zu bleiben und das Ziel nicht aus den Augen zu verlieren. Unternehmer können durch Techniken wie Achtsamkeit, Meditation oder sogar das Führen eines Dankbarkeitstagebuchs eine positive Einstellung fördern.

Schließlich ist es wichtig, den Erfolg in kleinen Schritten zu feiern. Jeder überwundene Rückschlag stärkt das Selbstvertrauen und hilft, zukünftige Herausforderungen mit mehr Zuversicht anzugehen. Unternehmer, die aus ihren Fehlern lernen, entwickeln nicht nur ihre Fähigkeiten weiter, sondern bauen auch ein Fundament für nachhaltigen Erfolg.

## Die Balance zwischen Arbeit und Leben bewahren

Die Balance zwischen Arbeit und Privatleben zu finden, ist für viele Unternehmer eine der größten Herausforderungen. Ein übermäßiger

Fokus auf die Arbeit kann nicht nur zu Burnout führen, sondern auch persönliche Beziehungen und die Gesundheit negativ beeinflussen. Gleichzeitig ist ein ausgeglichenes Leben eine Voraussetzung, um langfristig produktiv und kreativ zu bleiben.

Der erste Schritt zu einer gesunden Balance ist eine klare Prioritätensetzung. Unternehmer sollten ihre Aufgaben in Kategorien wie "dringend", "wichtig" und "weniger wichtig" einteilen, um sich auf das Wesentliche zu konzentrieren. Zeitmanagement-Tools wie Kalender-Apps oder Aufgabenmanager können hierbei hilfreich sein, um die verfügbare Zeit effizient zu nutzen.

Rituale und Routinen spielen eine wichtige Rolle. Zum Beispiel kann das Einplanen von festen Feierabendzeiten helfen, Grenzen zwischen Arbeit und Freizeit zu setzen. Unternehmer sollten bewusst Zeit für Familie, Freunde und persönliche Hobbys reservieren. Aktivitäten wie Lesen, Sport treiben oder einfach nur Entspannen fördern nicht nur das Wohlbefinden, sondern laden auch die Batterien für die Herausforderungen des nächsten Tages auf.

Ebenso wichtig ist es, sich selbst zu reflektieren und ehrlich zu bewerten, ob die eigene Lebensweise nachhaltig ist. Anzeichen von Überarbeitung wie ständige Müdigkeit, Gereiztheit oder gesundheitliche Beschwerden sollten als Warnsignale ernst genommen werden.

Langfristig führt ein ausgeglichenes Leben zu höherer Zufriedenheit, gesteigerter Produktivität und besseren Beziehungen. Unternehmer, die diese Balance bewusst fördern, können nicht nur beruflich erfolgreich sein, sondern auch privat erfüllter leben.

**Kontinuierliches Lernen und Entwicklung**
In einer dynamischen Geschäftswelt ist kontinuierliches Lernen keine Option, sondern eine Notwendigkeit. Unternehmer, die sich stetig weiterbilden, können schneller auf Marktveränderungen reagieren, innovative Ideen entwickeln und ihre Wettbewerbsfähigkeit sichern.

Die Grundlage für kontinuierliches Lernen ist eine neugierige und offene Haltung. Unternehmer sollten aktiv nach neuen Informationen suchen, sei es durch Fachliteratur, Online-Kurse oder Branchenmagazine. Plattformen wie Coursera, Udemy oder LinkedIn Learning bieten zahlreiche Ressourcen, um neue Fähigkeiten zu erlernen.

Der Besuch von Konferenzen, Messen und Netzwerkevents bietet nicht nur die Möglichkeit, Kontakte zu knüpfen, sondern auch, von Expertenwissen zu profitieren. Besonders in Bereichen wie Technologie, Marketing und Finanzen ist es entscheidend, über aktuelle Entwicklungen informiert zu sein.

Ein weiteres wichtiges Element ist die persönliche Weiterentwicklung. Fähigkeiten wie emotionale Intelligenz, Konfliktmanagement und Führungskompetenz sind für Unternehmer unverzichtbar. Hierfür können Seminare oder Workshops besucht werden, die speziell auf diese Themen abzielen.

Reflexion und Feedback sind ebenfalls entscheidend. Unternehmer sollten regelmäßig ihre Leistungen und Fortschritte bewerten und sich Feedback von Kollegen, Mitarbeitern oder Mentoren einholen. Diese Rückmeldungen helfen, blinde Flecken zu erkennen und gezielt an Schwächen zu arbeiten.

Indem sie kontinuierlich lernen und wachsen, schaffen Unternehmer nicht nur die Grundlage für beruflichen Erfolg, sondern entwickeln sich auch als Person weiter. Diese Haltung fördert Innovation, Anpassungsfähigkeit und den Mut, neue Wege zu gehen.

**Ein unterstützendes Netzwerk aufbauen**
Kein Unternehmer ist eine Insel – ein starkes Netzwerk ist ein zentraler Faktor für nachhaltigen Erfolg. Es bietet nicht nur Unterstützung in schwierigen Zeiten, sondern auch Inspiration, Motivation und Zugang zu neuen Möglichkeiten.

Das Fundament eines erfolgreichen Netzwerks sind authentische Beziehungen. Unternehmer sollten aktiv Kontakte knüpfen, sei es durch Branchenveranstaltungen, Networking-Events oder soziale

Medien wie LinkedIn. Der Fokus sollte darauf liegen, echte Verbindungen aufzubauen, anstatt nur nach kurzfristigen Vorteilen zu suchen.

Mentoren spielen eine Schlüsselrolle in einem unterstützenden Netzwerk. Sie bieten nicht nur Ratschläge, sondern teilen auch wertvolle Erfahrungen aus ihrer eigenen Karriere. Ein Mentor kann helfen, Herausforderungen zu meistern und neue Perspektiven auf Probleme zu gewinnen.

Neben Mentoren sind auch Gleichgesinnte wichtig. Unternehmer, die in ähnlichen Situationen sind, können als Sparringspartner fungieren und wertvollen Input liefern. Mastermind-Gruppen oder Unternehmerverbände sind ideale Plattformen, um sich auszutauschen und gemeinsam zu wachsen.

Emotionale Unterstützung ist ein weiterer Aspekt. Familie und Freunde bieten Stabilität und sind oft die wichtigsten Motivatoren, wenn der Weg schwierig wird. Unternehmer sollten bewusst Zeit in diese Beziehungen investieren und ihre Wertschätzung ausdrücken.

Ein starkes Netzwerk ist nicht nur ein Sicherheitsnetz, sondern auch ein Sprungbrett für neue Chancen. Indem Unternehmer in den Aufbau und die Pflege ihres Netzwerks investieren, schaffen sie eine stabile Grundlage für langfristigen Erfolg und persönliche Weiterentwicklung.

## SCHLUSSFOLGERUNG

Der Weg zur Gründung eines Unternehmens ist ein aufregender und herausfordernder Prozess, der sowohl Chancen als auch Risiken mit sich bringt. Es erfordert eine gründliche Planung, eine klare Vision und die Bereitschaft, sowohl kurzfristige als auch langfristige Herausforderungen zu meistern. Für Gründer ist es wichtig, sich sowohl mit den rechtlichen als auch mit den finanziellen Aspekten vertraut zu machen und sicherzustellen, dass das Geschäftsmodell tragfähig ist. Die Grundlage für ein erfolgreiches Unternehmen bildet eine solide Marktanalyse und eine fundierte Finanzplanung, die den langfristigen Erfolg sichern können. Dabei spielt auch das Team eine entscheidende Rolle, da engagierte Mitarbeiter und kompetente Partner einen erheblichen Einfluss auf den Unternehmenserfolg haben.

Ein weiterer wichtiger Aspekt ist das Verständnis für die Bedürfnisse und Erwartungen der Zielgruppe. Die kontinuierliche Kommunikation und das Hören auf Feedback sind unerlässlich, um das Geschäftsmodell und die Dienstleistungen oder Produkte fortlaufend zu verbessern. Unternehmer müssen flexibel bleiben, Anpassungen vornehmen können und auf Marktveränderungen reagieren, um wettbewerbsfähig zu bleiben.

Zusätzlich ist es entscheidend, die richtigen Technologien und Tools zu nutzen, um den Geschäftsbetrieb zu optimieren und die Effizienz zu steigern. Ob es sich um Softwarelösungen zur Verwaltung von Finanzen, Projektmanagement oder Kundenbeziehungen handelt, die richtige Wahl der Technologie kann das Unternehmen erheblich voranbringen.

Nicht zuletzt sollte die persönliche Resilienz eines Unternehmers nicht unterschätzt werden. Der Aufbau eines Unternehmens ist ein Prozess, der Geduld, Ausdauer und die Bereitschaft, aus Fehlern zu lernen, erfordert. Mit der richtigen Einstellung und einer klaren

Vision ist es jedoch möglich, alle Hürden zu überwinden und ein erfolgreiches Unternehmen zu führen.

Wichtige Erkenntnisse für die Unternehmensgründung:

Gründliche Planung: Der Erfolg eines Unternehmens beginnt mit einer detaillierten Planung. Die Erstellung eines Businessplans ist unverzichtbar, da er die Richtung vorgibt und dabei hilft, mögliche Risiken zu erkennen.

Marktforschung: Um ein Geschäftsmodell zu entwickeln, das auf die Bedürfnisse der Zielgruppe abgestimmt ist, ist eine umfassende Marktanalyse notwendig. Dies hilft nicht nur, Chancen zu erkennen, sondern auch, sich von der Konkurrenz abzuheben.

Finanzielle Stabilität: Die Sicherstellung einer soliden finanziellen Grundlage ist entscheidend. Gründern sollte bewusst sein, dass es oft eine Weile dauert, bis ein Unternehmen profitabel wird. Daher ist es wichtig, ausreichend Kapital einzuplanen und mögliche Finanzierungsmöglichkeiten zu prüfen.

Flexibilität und Anpassungsfähigkeit: Der Markt ist ständig im Wandel. Ein erfolgreiches Unternehmen muss flexibel bleiben und sich an veränderte Marktbedingungen anpassen können.

Netzwerkaufbau: Der Aufbau eines starken Netzwerks aus Mentoren, Partnern, Investoren und anderen Unternehmern ist von unschätzbarem Wert. Ein gutes Netzwerk kann dabei helfen, Ressourcen zu mobilisieren, Unterstützung zu erhalten und das Geschäft zu fördern.

Ressourcen für die laufende Unterstützung:

Der Aufbau eines Unternehmens hört nicht mit der Gründung auf. Es gibt viele Ressourcen und Unterstützungsmöglichkeiten, die Gründer dabei unterstützen können, ihre Geschäftsziele zu erreichen und langfristig erfolgreich zu bleiben.

Gründerzentren und Inkubatoren: Diese bieten nicht nur eine physische Infrastruktur, sondern auch Beratungsdienste, Workshops und Zugang zu einem Netzwerk von Fachleuten und anderen Gründern. Hier können Gründer wertvolle Informationen und Unterstützung für die Weiterentwicklung ihres Unternehmens finden.

Fachliche Beratung: Anwälte, Steuerberater und Unternehmensberater sind essenziell für die rechtlichen und finanziellen Aspekte eines Unternehmens. Sie können helfen, rechtliche Hürden zu überwinden, Steuerfragen zu klären und die Geschäftsstruktur zu optimieren.

Förderprogramme und Finanzierungsmöglichkeiten: In vielen Ländern gibt es Förderprogramme für Start-ups, die finanzielle Unterstützung oder günstige Darlehen bieten. Es lohnt sich, diese Möglichkeiten zu recherchieren und zu nutzen, um das Wachstum des Unternehmens zu finanzieren.

Online-Ressourcen: Es gibt zahlreiche Online-Plattformen, die Unternehmern wertvolle Werkzeuge zur Verfügung stellen, von Buchhaltungssoftware bis hin zu Marketing-Tools. Websites wie "foundersbook" oder "Start-up Incubator" bieten Zugang zu hilfreichen Ressourcen.

Networking-Events und Konferenzen: Der Austausch mit anderen Unternehmern und Experten kann neue Perspektiven und Möglichkeiten eröffnen. Veranstaltungen wie Business-Events, Meetups oder Messen bieten die Chance, das eigene Netzwerk auszubauen und von den Erfahrungen anderer zu lernen.

Mentoring und Coaching: Ein Mentor oder Coach kann helfen, das Geschäft strategisch weiterzuentwickeln und Herausforderungen aus einer neuen Perspektive zu betrachten. Mentoren bieten wertvolle Einblicke und Unterstützung auf dem Weg zum Erfolg.

Abschließende Worte der Ermutigung:

Die Gründung eines Unternehmens ist nicht einfach, aber es ist eine der lohnendsten und erfüllendsten Erfahrungen, die man im Leben machen kann. Es ist ein langfristiger Prozess, der nicht nur mit finanziellen Gewinnen, sondern auch mit persönlichen und beruflichen Wachstumsmöglichkeiten verbunden ist. Rückschläge und Herausforderungen sind unvermeidlich, aber sie sind Teil des Lernprozesses. Jeder Fehler, den Sie machen, ist eine Chance, etwas Neues zu lernen und Ihr Unternehmen weiterzuentwickeln.

Denken Sie daran, dass viele erfolgreiche Unternehmer mit großen Herausforderungen begonnen haben. Ihre Reise wird nicht immer glatt verlaufen, aber mit der richtigen Einstellung, Ausdauer und Entschlossenheit können Sie jedes Hindernis überwinden. Seien Sie flexibel, passen Sie sich an, und behalten Sie stets Ihre Vision im Blick. Erfolg kommt nicht über Nacht, aber mit harter Arbeit und Hingabe können Sie Ihr Unternehmen zum Erfolg führen.

Glauben Sie an sich selbst und Ihre Fähigkeiten. Mit der richtigen Unterstützung, einer klaren Strategie und der Bereitschaft, kontinuierlich zu lernen, können Sie Ihre unternehmerischen Ziele erreichen und ein florierendes Unternehmen aufbauen.

www.ingramcontent.com/pod-product-compliance
Lightning Source LLC
Chambersburg PA
CBHW071038240526
45469CB00006BD/2247